योगी रामराज्य

योगी रामराज्य

चेतना नेगी

प्रकाशक

प्रभात प्रकाशन प्रा. लि.

4/19 आसफ अली रोड, नई दिल्ली–110002

फोन : 011–23289777 • हेल्पलाइन नं. : 7827007777

इ–मेल : prabhatbooks@gmail.com ❖ वेब ठिकाना : www.prabhatbooks.com

संस्करण

2026

पेपरबैक मूल्य

दो सौ पचास रुपए

मुद्रक

आर–टेक ऑफसेट प्रिंटर्स, दिल्ली

———— ★ ————

YOGI RAMRAJYA

by Smt. Chetna Negi

Published by **PRABHAT PRAKASHAN PVT. LTD.**

4/19 Asaf Ali Road, New Delhi-110002

ISBN 978-93-5521-003-6

₹ 250.00 (PB)

प्रभु श्रीराम ने न कभी अन्याय किए
और न अन्याय सहे।
अर्थात् हम अधर्म नहीं करेंगे और अधर्म नहीं सहेंगे।

—योगी आदित्यनाथ

नितिन गडकरी
NITIN GADKARI

मंत्री
सड़क परिवहन एवं राजमार्ग
भारत सरकार

Minister
Road Transport and Highways
government of India

दिनांक : 3 जनवरी, 2022

प्रस्तावना

प्रभात प्रकाशन द्वारा प्रकाश्य 'योगी रामराज्य' पुस्तक की संहिता पढ़ने का अवसर मिला। इस पुस्तक की लेखका चेतना नेगी ने बड़ी मेहनत से इसे साकार किया है। मैं उन्हें इस पुस्तक के लिए दिल से बधाइयाँ देता हूँ। जनप्रिय मुख्यमंत्री श्री योगी आदित्यनाथजी के नेतृत्व में किसी जमाने में पिछड़ा राज्य कहलाए जाने वाले उत्तर प्रदेश का चेहरा बदल गया है। उद्योग, किसान, महिलाएँ, युवा, सुरक्षा, इन्फ्रास्ट्रक्चर ऐसे भिन्न-भिन्न क्षेत्रों में परिवर्तन का सैलाब आया है। उत्तर प्रदेश भारत के अग्रणी राज्य के तौर पर विकसित हो रहा है। सबका कल्याण करना ही वास्तव में 'रामराज्य' की कल्पना का अंतिम लक्ष्य होता है। मुझे अपार खुशी है कि श्री योगीजी के नेतृत्व में उत्तर प्रदेश जिस गति से विकास कार्यक्रमों को अंजाम दे रहा है, उसका विस्तृत लेखा-जोखा इस पुस्तक के माध्यम से संकलित हो रहा है।

'रामराज्य' हमारी आदर्श राज्य एवं शासन-व्यवस्था का प्रत्यक्ष रूप है, जिसको किसी युग में लोगों ने अनुभव किया। भारत देवभूमि है। उत्तर प्रदेश हमारी भारतीय संस्कृति एवं परंपरा में अनन्य व असाधारण प्रदेश है। ऐसे राज्य में आदर्श एवं कल्याणकारी शासन-व्यवस्था चलाने वाले श्री योगीजी की कार्यकुशलता का आँकड़ों एवं तथ्यों के साथ वर्णन इस पुस्तक में पाठकों को मिलेगा। एक नई दृष्टि देने वाली यह पुस्तक केवल उत्तर प्रदेश ही नहीं,

Room No. 501, Transport Bhawan, 1, Sansad Marg, New Delhi–110 001,
Tel. : 011-23710121, 23711252 (O), 23719023 (F)
E-mail : nitin.gadkari@nic.in; Website : www.morth.nic.in
Camp Office Nagpur : Plot No. 25, Opp. Orange City Hospital,
Beside Jupiter School, Khamla Chowk, Nagpur-440015 (MS)
Tel. : 0712-2239918/20/22/23/24; Email : office@nitingadkari.net

बल्कि समूचे भारत में अनेकानेक स्तर पर कार्यरत शासन-प्रशासन के लिए मार्गदर्शक होगी, ऐसा मेरा विश्वास है।

गोस्वामी तुलसीदास ने उत्तरकांड में रामराज्य की अवधारणा को स्पष्ट किया है। रामराज्य में प्रजा ही सर्वोपरि है। राजा प्रजा का सेवक मात्र है। रामराज्य में सभी नीति और धर्म के अनुरूप आचरण करते हैं; जो इस अनुरूप आचरण नहीं करते, उन्हें उचित दंड भी दिया जाता है।

'रामराज्य' नीति, नीयत, जनसेवा और मर्यादापूर्ण आचरण का ही पूरक है। इसी आचरण को जीवन में उतारकर जीने वाले व्यक्ति श्री योगी आदित्यनाथजी ने उत्तर प्रदेश की कमान सँभालते ही स्वयं को सेवक के रूप में प्रस्तुत करते हुए 'रामराज्य' की संकल्पना को पूर्ण करने का निश्चय किया। योगी सरकार के पिछले पाँच वर्षों के शासन को देखें तो एक नए और उत्तम प्रदेश की छवि उत्तर प्रदेश की बनती है। उत्तर प्रदेश की कानून-व्यवस्था आज पटरी पर है। उसी का नतीजा है कि बड़े-बड़े उद्योगपति प्रदेश में निवेश कर रहे हैं। योगी सरकार ने निवेश और रोजगार को प्राथमिकता में रखा, ताकि प्रदेश के लोगों को प्रदेश में ही नौकरी के अवसर प्राप्त हो जाएँ। योगीजी ने उत्तर प्रदेश को आज एक ब्रांड बना दिया है। सांस्कृतिक रूप से उत्तर प्रदेश की आज पूरी दुनिया में अलग पहचान बन गई है। करोड़ों हिंदुओं की आस्था के केंद्र अयोध्या में आज भव्य राम मंदिर बन रहा है। पूरी अयोध्या को सांस्कृतिक नगरी के रूप में विकसित किया जा रहा है। योगीजी का यही विजन उन्हें अलग और विशिष्ट भी बनाता है। किसी भी क्षेत्र को देखिए, आपको उत्तर प्रदेश में कुछ अलग दिखाई पड़ेगा, कुछ सुंदर दिखेगा। आशावाद जगानेवाला कुछ-न-कुछ मिलेगा। इन सब चीजों का प्रतिबिंब इस पुस्तक में भलीभाँति आया है।

चेतना नेगीजी को इस सुंदर ग्रंथ की रचना के लिए बधाई एवं श्री योगीजी को उनके कल्याणव्रत के लिए अनंत शुभकामनाएँ।

भवदीय

—नितिन गडकरी

भूमिका

रामराज्य की अवधारणा श्रेष्ठ राज व्यवस्था की संकल्पना है। एक आदर्श राज व्यवस्था कैसी होनी चाहिए, उसका प्रतिरूप रामराज्य है। गोस्वामी तुलसीदास ने उत्तरकांड में रामराज्य की अवधारणा को स्पष्ट किया है। रामराज्य में प्रजा ही सर्वोपरि है। राजा प्रजा का सेवक मात्र है। रामराज्य में सभी नीति और धर्म के अनुरूप आचरण करते हैं, जो इस अनुरूप आचरण नहीं करते हैं; उन्हें उचित दंड भी दिया जाता है। यथा—'बरनाश्रम निज निज धरम, निरत बेद पथ लोग/चलहिं सदा पावहिं सुखहि, नहिं भय सोक न रोग।' तुलसीदास कहते भी हैं कि रामराज्य में सभी अपने धर्म और वेदों के बताए रास्ते पर चलते हुए सुखी रहते हैं। उनको न किसी का भय है, न ही कोई शोक और रोग है अर्थात् रामराज्य नीति, नीयत, जनसेवा और मर्यादापूर्ण आचरण का ही पूरक है। इसी आचरण को जीवन में उतारकर जीने वाले व्यक्ति योगी आदित्यनाथ को भारतीय जनता पार्टी ने उत्तर प्रदेश का मुख्यमंत्री बनाया। उत्तर प्रदेश की कमान सँभालते ही योगी आदित्यनाथ ने स्वयं को सेवक के रूप में प्रस्तुत करते हुए रामराज्य की संकल्पना को पूर्ण करने का निश्चय किया। इसी निश्चय को दर्शाते हुए उन्होंने अपने एक भाषण में कहा कि 'रामराज्य शासन का सबसे अच्छा उदाहरण है।' इसी उदाहरण को उन्होंने प्रदेश में स्थापित करके दिखाया। योगी आदित्यनाथ का स्पष्ट मानना है कि 'देश को समाजवादी नहीं, रामराज्य की अवधारणा चाहिए। समाजवाद अप्रासंगिक, अव्यावहारिक हो चुका है। रामभक्तों पर गोली चलाने वालों को मुझसे सवाल पूछने का कोई हक नहीं। ऐसे लोगों को रामराज्य का

अर्थ समझ नहीं आएगा। रामराज्य कुछ और नहीं, सुशासन है और हम इसके लिए लगातार प्रयासरत हैं। राम हमारे लिए आदर्श हैं, आराध्य हैं और मर्यादा पुरुषोत्तम हैं।' रामराज्य के सुशासन को योगी सरकार ने उत्तर प्रदेश में साकार करके दिखाया है। पहले की सरकारों ने जहाँ स्वयं और परिवार, जाति तथा विशेष समुदाय के हितों को ध्यान में रखते हुए कार्य किया तो वहीं मोदी-योगी सरकार का ध्येय रहा—'सबका साथ, सबका विकास और सबका विश्वास'। शासन चलाने की रामराज्य सम्मत पहली नीति भी यही है कि बिना किसी भेदभाव के सभी का विकास करना राजा का कर्तव्य है। योगी ने इसी रास्ते पर चलते हुए कार्य किया।

उत्तर प्रदेश आज हर क्षेत्र में अग्रणी है। जनसेवा से लेकर जन-उत्थान तक के कार्यों को योगी सरकार ने प्राथमिकता पर रखा। योगी सरकार के पिछले पाँच वर्षों के शासन को देखें तो एक नए और उत्तम प्रदेश की छवि उत्तर प्रदेश की बनती है। यह छवि सांस्कृतिक, धार्मिक, राजनीतिक, आर्थिक और सामाजिक रूप में उभरकर आती है। उत्तर प्रदेश की छवि पहले आपराधिक छवि वाले व्यक्तियों को शरण देने वाले प्रदेश की थी। मुख्तार अंसारी, विकास दुबे जैसे बाहुबली उत्तर प्रदेश की राजनीति और सामाजिक विमर्श के केंद्र में थे। सपा और बसपा सरकारों ने इनके जरिए डर और भय का माहौल पैदा करके अपनी राजनीतिक महत्त्वाकांक्षा को पूर्ण किया। प्रदेश में तब कानून का नहीं, बाहुबलियों का राज चलता था। योगी ने उत्तर प्रदेश में सबसे पहले कानून का राज स्थापित करते हुए प्रदेश को अपराध और अपराधियों से मुक्त बनाया। अपराधियों की जहाँ कानून सम्मत जगह थी, उन्हें वहाँ भेजा गया। योगी आदित्यनाथ ने उत्तर प्रदेश के मुख्यमंत्री के रूप में शपथ लेने के बाद कहा था कि 'अपराधी या तो जेल में होंगे या प्रदेश के बाहर।' इस बात को उन्होंने करके भी दिखाया है। प्रदेश की पुलिस ने जिस तरीके से राज्य में संगठित अपराध और माफियाओं पर नियंत्रण किया है, वह अन्य राज्यों के लिए उदाहरण है। योगी शासन के पाँच वर्षों के दौरान 150 से अधिक अपराधी पुलिस मुठभेड़ में ढेर हुए हैं और लगभग 2,800 से अधिक

अपराधी घायल हुए हैं। इसके साथ ही गैंगस्टर अधिनियम के तहत कुल 15 अरब 74 करोड़ रुपए से अधिक की अवैध संपत्तियों को जब्त किया गया है।

उत्तर प्रदेश की कानून व्यवस्था आज पटरी पर है। उसी का नतीजा है कि बड़े-बड़े उद्योगपति प्रदेश में निवेश कर रहे हैं। योगी सरकार ने निवेश और रोजगार को प्राथमिकता में रखा, ताकि प्रदेश के लोगों को प्रदेश में ही नौकरी के अवसर प्राप्त हो जाएँ। योगी सरकार ने अपने कार्यकाल में यह करके भी दिखाया है। उत्तर प्रदेश की छवि को बदलने में भी वे कामयाब हुए हैं। योगी ने उत्तर प्रदेश को आज एक ब्रांड बना दिया है। ब्रांड यू.पी. पर दुनिया भर के निवेशकों ने भरोसा दिखाया है। उत्तर प्रदेश में इंफ्रास्ट्रक्चर परियोजनाओं के मामलों में कई ऐसी पहल हुई हैं, जिनमें आने वाले सालों में कॉरपोरेट, कारोबार, निवेश, रोजगार में भारी वृद्धि होगी। एक्सप्रेस-वे, एयरपोर्ट, फिल्म सिटी या फिर डिफेंस कॉरिडोर—इनकी वजह से देश-दुनिया में यू.पी. की ब्रांडिंग भी खूब हो रही है। फरवरी 2018 में योगी सरकार ने प्रदेश में निवेश लाने के लिए 'इन्वेस्टर्स सम्मिट' (निवेशक सम्मेलन) कराया। इस सम्मिट में 4.28 लाख करोड़ की 1,045 परियोजनाएँ स्थापित करने के लिए एम.ओ.यू. किए गए थे। यह निवेश दर्शाता है कि योगी के कुशल नेतृत्व में उत्तर प्रदेश को लेकर लोगों के दृष्टिकोण में परिवर्तन हुआ है। योगी सरकार ने उत्तर प्रदेश को बीमारू और आपराधिक छवि वाले प्रदेश से बाहर निकालकर समृद्ध और खुशहाल प्रदेश के रूप में देश-दुनिया के सामने स्थापित किया है।

उत्तर प्रदेश आज महिला सुरक्षा एवं कल्याण की दृष्टि से भी अन्य राज्यों के लिए उदाहरण है। योगी ने कानून का राज कायम किया तो उससे प्रदेश में एक सुरक्षा का माहौल बना। 'कन्या सुमंगला' जैसी योजनाओं के जरिए प्रदेश की बेटियों को लाभ मिला। साथ ही योगी सरकार ने शिक्षा के क्षेत्र में बालिकाओं को आगे बढ़ाने के लिए कई छात्रवृत्तियाँ लागू की हैं। इन कार्यों के जरिए सरकार ने महिलाओं को विकास की धारा से जोड़ा, जबकि पहले की सरकारों में महिलाएँ सिर्फ वोटबैंक ही समझी जाती थीं। इस तरह समाज के सभी वर्गों के जीवन में रोशनी लाने का काम योगी सरकार ने किया है।

पिछले 70 वर्षों से जिस वनटांगिया गाँव में कोई बुनियादी सुविधा तक नहीं पहुँची, यहाँ तक कि उनको वोट देने तक का अधिकार नहीं था, ऐसे समाज के बीच में जाकर योगी आदित्यनाथ ने दीपावली का पर्व मनाया और उनके जीवन में रोशनी लाए। आज वनटांगिया गाँव के लोगों को मुख्यमंत्री आवाज योजना के अंतर्गत घर, आयुष्मान कार्ड और सुमंगला योजना सहित वे सभी सुविधाएँ मिल रही हैं, जो प्रदेश के अन्य गाँव वालों को उपलब्ध हैं। वास्तव में यही तो रामराज्य है, जहाँ बिना किसी भेदभाव के सभी को समान अवसर और जीवनयापन की सुविधाएँ मिलें। यही आधुनिक कल्याणकारी राज्य की भी अवधारणा है। योगी सरकार ने इसे आत्मसात् करके धरातल पर उतारा है।

सांस्कृतिक रूप से उत्तर प्रदेश की आज पूरी दुनिया में अलग पहचान बन गई है। करोड़ों हिंदुओं के आस्था के केंद्र अयोध्या में आज भव्य राम मंदिर बन रहा है। मुख्यमंत्री योगी आदित्यनाथ ने अपने एक संबोधन में कहा कि 'अयोध्या में दबी हुई भावनाओं को मंच मिला है और दुनिया में भारत की लोकतांत्रिक व्यवस्था का परचम लहराया है। 9 नवंबर, 2019 को यह साबित हुआ कि कानून व्यवस्था में परिंदा भी पर नहीं मार सकता। अयोध्या का फैसला आने के बाद यह साफ है कि गोली चलाने वाले गलत थे। ये लोग आतंकवाद के मुकदमे वापस लेते हैं। रामभक्तों पर गोली चलाने को ठीक मानते हैं। ऐसे लोग कभी नहीं चाहते थे कि अयोध्या में राम मंदिर बने, लेकिन आज वह बन रहा है।' अयोध्या में सिर्फ मंदिर ही नहीं, बल्कि पूरी अयोध्या को सांस्कृतिक नगरी के रूप में विकसित किया जा रहा है। भव्य राम मंदिर के साथ-साथ अयोध्या आध्यात्मिक रूप से भी भारत की सांस्कृतिक विरासत का केंद्र होगी। योगी का यही विजन उन्हें औरों से अलग और विशिष्ट बनाता है।

आज प्रदेश के हर नागरिक को बिना किसी भेदभाव के बिजली, रसोई गैस, पीने का शुद्ध पानी, राशन कार्ड, आवास योजना का लाभ, आयुष्मान हेल्थ कार्ड, पात्रता के अनुसार पेंशन, योग्यता के अनुरूप रोजगार, स्वयं का काम करने के लिए सरकार से मदद, बेहतर सड़कें, कानून का राज, पढ़ाई के लिए छात्रवृत्ति समेत सरकार की सभी जनकल्याणकारी योजनाओं का लाभ

मिल रहा है। दरअसल यही तो रामराज्य है, जहाँ सबको समान अवसर मिल रहे हैं और सत्ता के शीर्ष पर विराजमान व्यक्ति कोरोना जैसी महामारी के दौरान भी पूरे प्रदेश की सेवा में लगा रहता है। जनता के लिए सेवक भाव से कार्य करना और सबको समान दृष्टि से देखना ही तो आदर्श शासन व्यवस्था की संकल्पना है। यह आदर्श शासन व्यवस्था ही रामराज्य है।

इस पुस्तक में योगी सरकार के पिछले कार्यकाल का मूल्यांकन किया गया है। योगी सरकार ने अपने कार्यकाल में उत्तर प्रदेश में जो लोक कल्याणकारी कार्य किए, उनका विश्लेषण यह पुस्तक करती है। योगी सरकार ने जिस तरीके से देश-दुनिया के सामने गवर्नेंस का मॉडल प्रस्तुत किया, उसे रामराज्य की संकल्पना के साथ देखने की कोशिश की गई है। एक आदर्श राज व्यवस्था कैसी हो सकती है, उसकी कसौटी पर योगी की शासन व्यवस्था को देखने का प्रयास है। इसके साथ ही योगी सरकार द्वारा विगत वर्षों में जो कार्य किए गए, आँकड़ों के माध्यम से उनका आकलन किया गया है। इस तरह से यह पुस्तक योगी सरकार की कार्यप्रणाली, नेतृत्व और जनसेवा के कौशल को समग्रता से पाठकों के सामने रखती है।

फूलहिं फरहिं सदा तरु कानन। रहहिं एक संग गज पंचानन॥
खग मृग सहज बयरु बिसराई। सबन्हि परस्पर प्रीति बढ़ाई॥

अनुक्रम

KAZMI

योगी रामराज्य पर जनता की मुहर!

उत्तराखंड के पौड़ी जिले में स्थित यमकेश्वर के पंचूर गाँव का एक युवा भारतीय राजनीति में इतना बड़ा मुकाम हासिल कर लेगा, इसकी कल्पना शायद ही कभी किसी ने की होगी। यू.पी. के सी.एम. योगी आदित्यनाथ राष्ट्रीय फलक पर चमक रहे वह सितारे हैं, जिसका प्रकाश आने वाले दिनों में और व्यापक और प्रखर होनेवाला है। योगी आदित्यनाथ भाजपा की नई पीढ़ी के नेताओं के सबसे बड़े नायक हैं। योगी को पसंद करनेवालों की संख्या लगातार बढ़ रही है। उनको समर्थन करने वाले, चाहने वाले महज किसी एक राज्य तक सीमित नहीं हैं, उनके प्रति आकर्षण का स्वरूप राष्ट्रव्यापी है।

पिछले कुछ वर्षों में हिंदुत्व की विचारधारा के प्रति जो प्रखरता और मुखरता देश-विदेश में देखी गई है, यू.पी. के मुख्यमंत्री योगी आदित्यनाथ निस्संदेह उसके सबसे बड़े प्रतीक हैं। प्रधानमंत्री होने के कारण नरेंद्र मोदी जो कुछ नहीं बोल सकते, दूसरी बार यू.पी. के सी.एम. पद की शपथ लेनेवाले योगी खुलकर उस पर बोलते हैं। योगी आदित्यनाथ संघ और भाजपा नेतृत्व की सोच को व्यवहार में परिणत करनेवाले नेताओं में सबसे आगे हैं। भगवा वस्त्रधारी एक संन्यासी ने भारतीय राजनीति में एक ऐसी बड़ी लकीर खींच दी है, जो आनेवाले समय में और बड़ी होती जाएगी। वह सुशासन, विकास, सांस्कृतिक-धार्मिक चेतना और राष्ट्रवाद के ऐसे प्रतीक बन गए हैं, जो भविष्य के भारत का नेतृत्व करेगा। उत्तर प्रदेश में ऐतिहासिक जनादेश हासिल करके उन्होंने अपनी क्षमताओं का लोहा मनवा दिया है। खुद प्रधानमंत्री नरेंद्र मोदी ने 'योगी हैं उपयोगी' के नारे को उठाया और उनके कद्दावर सियासी कद का एहसास विरोधियों को कराया।

यू.पी. में मुख्यमंत्री योगी आदित्यनाथ ने एक नया इतिहास लिखा

है। कई सारे मिथक तोड़ते हुए योगी आदित्यनाथ ने 37 साल बाद भाजपा को यू.पी. की सत्ता पर लगातार दूसरी बार काबिज कराने का पराक्रम कर दिखाया है। भाजपा ने गठबंधन के सहयोगियों के साथ दो-तिहाई बहुमत लेकर सत्ता में वापसी की। 37 साल पहले कांग्रेस बहुमत के साथ सत्ता में लौटी थी। राजनीतिक जानकारों की मानें तो यू.पी. में ऐसी उपलब्धि डॉ. संपूर्णानंद, चंद्रभानु गुप्त, हेमवती नंदन बहुगुणा, नारायण दत्त तिवारी, मुलायम सिंह और मायावती जैसे दिग्गजों को भी हासिल नहीं हुई। यू.पी. के राजनीतिक इतिहास के अनुसार, प्रदेश में 1951-52 के बाद से अब तक डॉ. संपूर्णानंद, चंद्रभानु गुप्त, हेमवती नंदन बहुगुणा और नारायण दत्त तिवारी, मुलायम सिंह यादव और मायावती मुख्यमंत्री बने, लेकिन इन्हें यह

मौका दो अलग-अलग विधानसभाओं के लिए मिला। योगी आदित्य नाथ की तरह दो बार लगातार जनादेश कोई न पा सका। करीब ढाई दशक पहले उन्हें उत्तर भारत की प्रमुख पीठों में शुमार गोरक्षपीठ का उत्तराधिकारी बनाया गया। इसके बाद से उनके नाम रिकॉर्ड जुड़ते गए। मसलन 1998 में जब वह पहली बार सांसद चुने गए, तब वह सबसे कम उम्र के सांसद थे। मुख्यमंत्री बनने के पहले सिर्फ 42 वर्ष की आयु में एक ही सीट से लगातार पाँच बार

चुने जानेवाले वह देश के इकलौते सांसद हैं।

उत्तर प्रदेश विधानसभा चुनाव को 2024 के लोकसभा चुनाव की दिशा तय करनेवाला माना जा रहा था। कई राजनीतिक पंडितों के आकलनों को गलत साबित करते हुए योगी आदित्यनाथ 37 साल में पहले ऐसे मुख्यमंत्री बने, जिन्होंने पाँच साल का कार्यकाल पूरा करने के बाद फिर सत्ता की बागडोर सँभाली है। योगी आदित्यनाथ सरकार की वापसी में मुफ्त राशन, कानून व्यवस्था के साथ अनेक जन कल्याणकारी योजनाएँ भी सहायक बनीं। उत्तर प्रदेश और अन्य राज्यों में रहनेवाले यहाँ के लोग भी योगी सरकार के कामकाज से संतुष्ट थे।

लोगों की नजर में सुदृढ़ कानून व्यवस्था सरकार की सबसे बड़ी ताकत बनकर उभरी, जो पिछली सरकारों में लचर थी। आम तौर पर लोगों का यही

कहना था कि योगी सरकार में हर तरह के माफिया का आतंक कम हुआ। उनकी 'बुलडोजर बाबा' की छवि इसकी तस्दीक करती है। राजस्व विभाग के आँकड़ों के मुताबिक 15 अगस्त, 2021 तक 62423.89 हेक्टेयर जमीन को भू-माफिया से मुक्त कराया गया। अपराधियों द्वारा अवैध ढंग से अर्जित 1800 करोड़ रूपये से ज्यादा की संपत्तियां जब्त और ध्वस्त की गई। 144 नए थानों और 50 पुलिस चौकियों की स्थापना के साथ ही 1.38 लाख पुलिस कर्मियों की नियुक्ति की गई। लखनऊ में पुलिस फोरेंसिक विज्ञान संस्थान की नींव रखी गई, साइबर सेल की स्थापना की गई। इसके अलावा ई-प्रॉक्सीक्यूशन प्रणाली और विधि विज्ञान प्रयोगशाला बनाने जैसे कदमों ने कानून व्यवस्था को सुदृढ़ करने में उल्लेखनीय भूमिका निभाई।

महिला सशक्तीकरण के क्षेत्र में योगी सरकार ने कुछ ऐसे बुनियादी काम किए, जिन्होंने उनमें आत्मविश्वास जगाया। प्रधानमंत्री आवास योजना में मिले आवासों का पंजीकरण महिला के नाम से किया गया। उज्ज्वला योजना में गैस चूल्हा-सिलिंडर वितरण, शौचालय निर्माण और तीन तलाक-

कानून को यू.पी. में तत्परता से लागू किया गया। राज्य सरकार की मुख्यमंत्री सुमंगला योजना, प्रधानमंत्री मातृ वंदन योजना,बैंकिंग योजना, सखी योजना, मिशन शक्ति, पिंक पेट्रोलिंग, पिंक बस, एंटी रोमियो स्क्वायड, कन्या भ्रूण हत्या रोकने के लिए मुखबिर योजना के साथ ही मुफ्त राशन वितरण जैसे कदमों ने मोदी और योगी को महिलाओं का मसीहा बना दिया। प्रदेश में 30,000 से अधिक महिला आरक्षियों की भर्ती पुलिस महकमे में की गई। स्वयं सहायता समूहों के माध्यम से एक करोड़ महिलाओं को स्वरोजगार से जोड़ने जैसे प्रयासों ने दर्शाया कि योगी सरकार महिलाओं के सशक्तीकरण के लिए पूरी तरह से प्रतिबद्ध है। संभवतः यही मुख्य कारण था कि महिलाओं ने जाति, समुदाय और पार्टी लाइन से हटकर भाजपा को वोट दिया।

योगी आदित्यनाथ ने पहली बार विधानसभा चुनाव लड़ने का फैसला किया और गोरखपुर सदर सीट पर भारी अंतर से जीत हासिल की। इसके साथ ही भाजपा ने उत्तर प्रदेश में अपनी लगातार जीत के साथ कई अन्य रिकार्ड बनाए। भाजपा ने उत्तर प्रदेश में 255 सीटें जीतीं और राज्य में उसके सहयोगियों ने भी प्रभावशाली प्रदर्शन किया। प्रधानमंत्री नरेंद्र मोदी और योगी आदित्यनाथ के नेतृत्व वाली 'डबल इंजन' सरकार ने उत्तर प्रदेश के तेजी से विकास के लिए कई कदम उठाए, जिसमें एक्सप्रेस-वे के साथ-साथ रक्षा गलियारा और एक प्रमुख अंतरराष्ट्रीय हवाई अड्डा बनाना शामिल है। उत्तर प्रदेश विधानसभा चुनाव के चुनावी अभियान के दौरान प्रधानमंत्री मोदी ने योगी आदित्यनाथ के काम की जमकर सराहना की। इसके अलावा उन्होंने 'यू.पी. प्लस योगी बहुत है उपयोगी', का नारा दिया। यह सोशल मीडिया पर काफी लोकप्रिय हुआ।

पिछले परिणामों के आधार पर अधिकतर का अकलन यह था कि योगी दूसरे कार्यकाल में राज्य के विकास को और आगे बढ़ाएँगे। जिस तरह से दूसरे कार्यकाल में योगी सरकार ने कार्यारंभ किया है उससे जनता में यह विश्वास और प्रबल हो गया है।

□

योगी रामराज्य की परिकल्पना

दैहिक दैविक भौतिक तापा। रामराज नहिं काहुहि ब्यापा॥
सब नर करहिं परस्पर प्रीती। चलहिं स्वधर्म निरत श्रुति नीती॥

'रामराज्य' में दैहिक, दैविक और भौतिक ताप किसी को नहीं व्यापते। सब मनुष्य परस्पर प्रेम करते हैं और वेदों में बताई हुई नीति में तत्पर रहकर अपने-अपने धर्म का पालन करते हैं। यह तो भगवान् राम के राज्य की अवधारणा थी।

एक आदर्श राज्य की संकल्पना भी इसी रूप में की गई, परंतु कालांतर में निजी उन्नति और पारिवारिक उन्नति के मोह में जनता और राज्य बहुत पीछे रह गए। सरकारें आईं और गईं, लेकिन रामराज्य की जो मूल संकल्पना इस धरा की मिट्टी में थी, वह साकार ही नहीं हुई, लेकिन 19 मार्च, 2017 को उत्तर प्रदेश की कमान एक ऐसे महंत और योगी के हाथ में आई, जिन्होंने रामराज्य की उस संकल्पना को साकार कर दिखाया। उनके लिए जनता और

राज्य ही सर्वोपरि है। उनकी रामराज्य की संकल्पना जनहित और सर्वसमावेशी व्यवस्था पर आधारित है। योगी आदित्यनाथ ने उत्तर प्रदेश के मुख्यमंत्री बनने के बाद सांस्कृतिक, सामाजिक, आर्थिक और शैक्षणिक व्यवस्था में आमूलचूल परिवर्तन किए और सच्चे अर्थों में रामराज्य की संकल्पना एवं आधुनिक कल्याणकारी राज्य की अवधारणा को मूर्त किया। उनके राज में जन कल्याणकारी योजनाओं का लाभ प्रत्येक व्यक्ति को सुलभता से मिलने लगा। घर-घर बिजली, शौचालय, रसोई गैस कनेक्शन, स्वास्थ्य बीमा कवर, फसल बीमा जैसी जन कल्याणकारी योजनाओं के जरिए वे जनता के जीवन में अभूतपूर्व परिवर्तन ले आए। योगी आदित्यनाथ की रामराज्य की अवधारणा भी यही है, जहाँ जन और जनकल्याण ही सर्वोपरि है।

उत्तर प्रदेश की योगी सरकार के सफलतापूर्ण पाँच वर्ष पूरे हुए। अपने इस कार्यकाल के दौरान सरकार ने वह सबकुछ कर दिखाया, जो आदर्श राज्य की संकल्पना में निहित होता है। सरकार की कार्यप्रणाली में कार्यकुशलता, जनसेवा, जनभागीदारी, सबका साथ, सबका विकास और सबका विश्वास के साथ वचनबद्धता दिखाई देती है। तभी योगी सरकार ने अब तक का सबसे बड़ा साढ़े पाँच लाख करोड़ रुपए का लोककल्याणकारी, विकासोन्मुख और सर्वसमावेशी बजट विधानमंडल से पारित कराने के साथ ही प्रदेश को एक ट्रिलियन डॉलर की अर्थव्यवस्था बनाने का लक्ष्य तय किया। आर्थिक सुधारों के मामले में पिछले पाँच वर्षो में योगी सरकार ने जिस प्रकार उत्तम कार्य निष्पादन किया। इसके परिणामतः और आधार पर योगी सरकार ने अर्थव्यवस्था को एक ट्रिलियन डॉलर बनाने की दिशा में यह आत्मविश्वास भरा कदम उठाया। एक ट्रिलियन डॉलर अर्थात तकरीबन 70 लाख करोड़ रुपए की इकॉनमी। लक्ष्य आसान तो नहीं, लेकिन योगीजी जैसे कुशल शासक और कर्मठ तथा दृढ़ इच्छा शक्ति वाले नेता के लिए कठिन भी नहीं। सरकार के कार्यकाल के आखीरी वर्ष का अभूतपूर्व बजट ही पूरी कहानी कह देता है। इस पेपरलेस बजट में समाज के हर वर्ग के प्रति सरकार की चिंता साफ परिलक्षित होती है। जनकल्याण के चहुँमुखी विकास को समर्पित इस बजट

में खेत, किसान, महिला, युवा, छात्र, शिक्षा, रोजगार, उद्यमी, श्रमिक-मजदूर, यातायात, स्व-रोजगार, स्वास्थ्य ढाँचे और कानून-व्यवस्था की मजबूती के साथ ही हर वर्ग के विकास को समाविष्ट किया गया उससे स्पष्ट था कि जनभागीदारी और जनकल्याण ही इसका ध्येय है।

माननीय प्रधानमंत्री श्री नरेंद्र मोदीजी की प्रेरणा तथा उनके मार्गदर्शन में योगी सरकार ने विकास की गति को आगे बढ़ाया। उत्तर प्रदेश आज विकास की 44 योजनाओं में तो देश भर में अग्रणी है। विकास का यह कीर्तिमान भी संकट की ऐसी घड़ी में कायम हुआ, जब पूरा विश्व कोविड महामारी से जूझता रहा था। योगीजी की दूरदृष्टि एवं विकास की अवधारणा का ही फल है कि उत्तर प्रदेश में कोविड-19 पर नियंत्रण का समुचित प्रबंधन करते हुए उन्होंने इस आपदा को भी अवसर में बदल दिया। उनके कुशल प्रबंधन ने इस महामारी के दौर में भी तमाम परिस्थितियों, क्रियाकलापों को कुशलतापूर्वक नियंत्रित किया। जिसके परिणामस्वरूप कोविड संक्रमण की चेन टूटती रही और रोजगार के साथ विकास की कड़ियाँ भी जुड़ती रहीं, साथ ही आर्थिक गतिविधियों ने भी तेजी पकड़ती गईं। इसी का फल है कि 'बीमारू राज्य' की छवि वाला उत्तर प्रदेश आज 'विकास और व्यवस्था' वाला उत्तम प्रदेश बन गया।

वर्तमान कीमतों पर उत्तर प्रदेश की जी.एस.डी.पी.

लोककल्याणकारी योजनाओं के सफल क्रियान्वयन और कुशल प्रबंधन के कारण महज सूबे की अर्थव्यवस्था कार्यकाल की समाप्ति से बहुत पहले ही 10,90,000 करोड़ रुपए से बढ़कर अब 21,73,000 करोड़ रुपए से ज्यादा की हो गई। उ.प्र. इतनी बड़ी अर्थव्यवस्था वाला देश का दूसरा राज्य बन गया। पाँच सालों में देश के छठवीं अर्थव्यवस्था से यह दूसरे नंबर तक पहुँचा अब उत्तर प्रदेश बीमारू से समर्थ प्रदेश बनकर देश की सबसे बड़ी अर्थव्यवस्था बनने की ओर अग्रसर है। प्रदेश में प्रति व्यक्ति आय भी लगभग दोगुनी हो गई है। सबको समान अवसर और समान भागीदारी की शासन व्यवस्था के कारण ही यह संभव हो पाया। सी.एम.आई.ई. (सेंटर फॉर मॉनिटरिंग इंडियन इकोनॉमी) की ताजा रिपोर्ट के अनुसार, प्रदेश में बेरोजगारी की दर जहाँ वर्ष 2017 में 17.5 प्रतिशत थी, वहीं 28 फरवरी, 2021 को घटकर 4.1 प्रतिशत रह गई। यह तथ्य स्वत: इस बात का प्रमाण है कि तत्कालीन सरकार ने नौकरी एवं रोजगार सृजन को सर्वोच्च प्राथमिकता दी है, साथ ही प्रदेश के प्रत्येक नागरिक की भागीदारी सुनिश्चित की है।

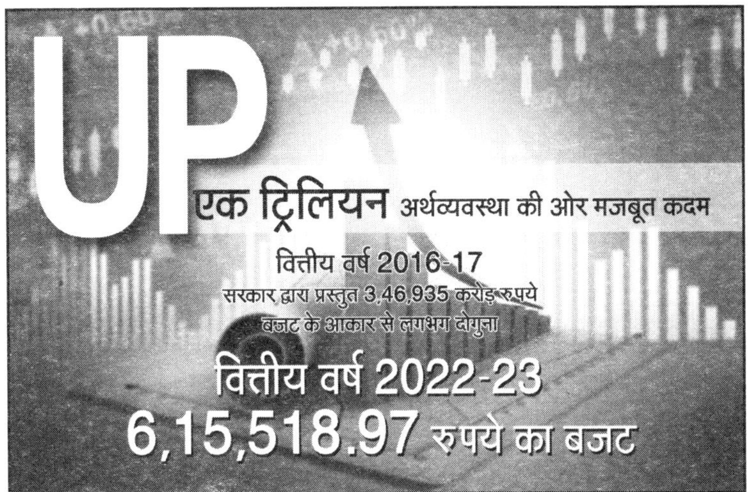

21वीं सदी का दूसरा दशक खत्म होते-होते पूरी दुनिया कोरोना जैसी महामारी की चपेट में आ गई। इस वैश्विक महामारी से निपटना किसी भी देश और सरकार के लिए आसान नहीं था। अमेरिका जैसी महाशक्ति और विकसित देश की स्वास्थ्य व्यवस्था भी इस महामारी के प्रकोप में चरमरा गई। भारत में इसकी चुनौती और बड़ी थी। इस संकट के समय में जो सबसे बड़ी चुनौती थी, वह थी—कोविड से निपटने के लिए स्वास्थ्य ढाँचे को मजबूत करना। इस चुनौती से निपटने के लिए उत्तर प्रदेश के मुख्यमंत्री योगीजी ने बहुत ही कम समय में सूझबूझ का परिचय देते हुए मजबूत स्वास्थ्य ढाँचा खड़ा करके कोरोना संक्रमण पर प्रभावी नियंत्रण करने में सफलता हासिल की। स्वास्थ्य एवं चिकित्सा के क्षेत्र में उपलब्धियों के नए कीर्तिमान भी स्थापित किए। योगी सरकार के कोविड प्रबंधन की राष्ट्रीय स्तर पर तो प्रशंसा हुई ही, विश्व स्वास्थ्य संगठन (डब्ल्यू.एच.ओ.) ने भी सराहना की। महामारी के दौरान अन्य प्रदेशों से वापस आए 40 लाख कामगारों/श्रमिकों की स्किल मैपिंग कराकर उनके गाँव-जवार में ही रोजगार देने का बड़ा कार्य किया गया। ऐसे श्रमिकों को 15 दिन के उपयोग हेतु राशन किट वितरण के साथ ही प्रति श्रमिक एक हजार रुपए की धनराशि उनके खाते में ऑनलाइन

हस्तांतरित किए गए। आभा (आत्मनिर्भर भारत) मोबाइल एप्लीकेशन का विकास कर दूसरे राज्य से अपने प्रदेश में वापस आए श्रमिकों को आजीविका हेतु उनके कौशल उन्नयन की व्यवस्था की गई। कोरोना विस्थापित श्रमिकों को रोजगार देने में उत्तर प्रदेश देश में अग्रणी रहा है तो यह योगी आदित्यनाथ जैसे कुशल प्रशासक के कारण ही संभव हो पाया।

उत्तर प्रदेश कोविड के प्रबंधन में कमाल

योगी सरकार के कार्यकाल में हेल्थ इंफ्रास्ट्रक्चर का जितना विकास हुआ, उतना पहले कभी नहीं हुआ। इस कोरोना महामारी के दौरान योगी सरकार ने चिकित्सा सुविधाओं के क्षेत्र में अभूतपूर्व काम किया। इस दौरान उन्होंने लेवल 1, 2 और 3 के कुल 771 कोविड चिकित्सालय बनवाए। सार्वजनिक तथा निजी क्षेत्र में 234 टेस्टिंग लैब स्थापित किए तथा कोरोना जैसी महामारी पर समय रहते नियंत्रण किया जा सके, इसके लिए योगी सरकार ने जो कदम उठाए तथा जो कार्य किए, वे प्रमुख हैं—सर्वाधिक कोविड बेड उपलब्ध कराकर उत्तर प्रदेश देश में सबसे आगे रहा। प्रदेश के लगभग 16 करोड़ लोगों की कॉण्टैक्ट ट्रेसिंग की गई। सभी जिला अस्पतालों में आई.सी.यू., वेंटिलेटर, ट्रूनेट आदि मशीनों की व्यवस्था की गई। उत्तर

प्रदेश 9 करोड़ से अधिक कोविड जाँच करने वाला देश का पहला राज्य बन गया। यही नहीं, प्रतिदिन 1.75 लाख कोविड जाँच कर देश में अव्वल रहा। देश के सबसे बड़े प्लाज्मा बैंक की लखनऊ में स्थापना की गई। पूरे प्रदेश में 64 हजार से अधिक कोविड हेल्प डेस्क स्थापित किए गए। इन प्रबंधों के चलते देश के सबसे बड़े सूबे में कोरोना के विरुद्ध रिकवरी दर 98 प्रतिशत से अधिक पहुँच गई। रात-दिन का परिश्रम, स्पष्ट विजन, कुशल प्रशासन और दृढ़ इच्छा शक्ति के कारण ही यह संभव हो सकता है। यह दृढ़ इच्छा शक्ति उत्तर प्रदेश के मुख्यमंत्री में है। तभी उन्होंने बहुत कम समय और संसाधनों के बावजूद वह कर दिखाया, जोकि साधन-संपन्न कई राष्ट्र और राज्य भी नहीं कर पाए।

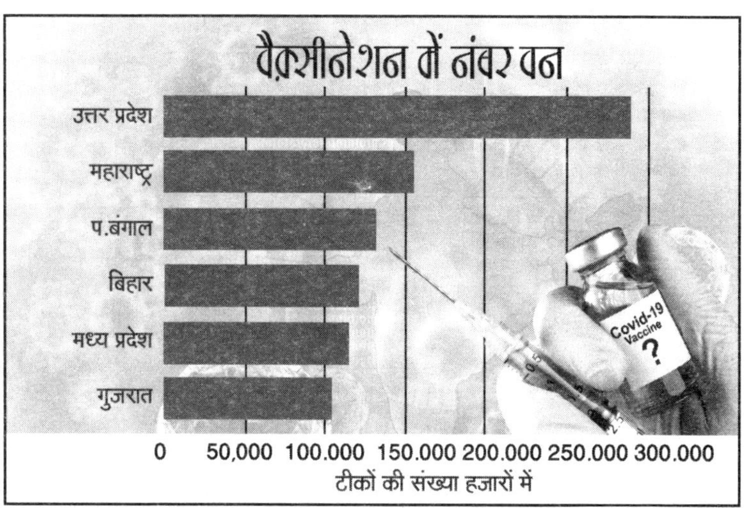

कोरोना से जहाँ एक तरफ जंग जारी थी, वहीं दूसरी तरफ वैक्सीनेशन की चुनौती भी सामने थी। योगी सरकार ने कारगर रणनीति के तहत वैक्सीन स्टोरेज के लिए 1,300 सेंटर्स में 250 लाख लीटर क्षमता के कोल्ड स्टोर बनाए। प्रदेश अब तक 31 करोड़ से अधिक (सभी डोज मिलाकर) टीकाकरण करके उत्तर प्रदेश देश का प्रथम राज्य बन गया। शहरों से लेकर

ग्रामीण स्तर तक वैक्सीनेशन सेंटर खोले गए और प्रत्येक नागरिक को वैक्सीन मिले, यह भी सुनिश्चित किया गया। कोरोना काल में इलाज की व्यवस्था से लेकर वैक्सीनेशन सेंटर में वैक्सीन की उपलब्धता का निरीक्षण कई जगह स्वयं मुख्यमंत्री ने किया। पूरे कोरोना काल में प्रदेश भर की व्यवस्था का उन्होंने स्वयं जायजा लिया।

इस दौरान प्रदेश में सामान्य चिकित्सा सुविधाओं में भी अभूतपूर्व वृद्धि हुई। 70 सालों में जहाँ 12 मेडिकल कॉलेज/संस्थानों की स्थापना हुई, वहीं मात्र चार साल में 35 मेडिकल कॉलेजों/संस्थानों की स्थापना का रास्ता साफ हुआ। दूसरे कार्यकाल में इस समय 9 नए राजकीय मेडिकल कॉलेज निर्माणाधीन हैं, कार्य की प्रगति तेजी पर है। 7 मेडिकल कॉलेज खोले गए हैं, इसके साथ ही 6 नए सुपर स्पेशियलिटी ब्लॉक की स्थापना हुई तथा गोरखपुर और रायबरेली में एम्स की स्थापना के साथ ओ.पी.डी. प्रारंभ हो चुकी है। बहुत कम समय में योगी सरकार ने वह कर दिखाया जो पिछले 70 वर्षों में नहीं हुआ था।

प्रदेश में नए चिकित्सा विश्वविद्यालय अटल बिहारी वाजपेयी चिकित्सा विश्वविद्यालय का निर्माण तेजी पर है। गोरखपुर में गुरु गोरखनाथ आयुष चिकित्सा विश्वविद्यालय खोलने का निर्णय पिछले कार्यकाल के दौरान लिया जा चुका है। प्रधानमंत्री जन आरोग्य योजना (आयुष्मान भारत) के अंतर्गत पिछले कार्यकाल में 1.18 करोड़ परिवारों के 6.47 करोड़ लोगों को लाभ के पात्र बन चुके हैं, इनकी संख्या तेजी से बढ रही है। इसके अलावा 42.19 लाख लोगों को 'मुख्यमंत्री जन आरोग्य योजना' का बीमा कवर भी प्रदान किया गया। योगी सरकार की हरसंभव कोशिश है कि वे प्रदेश के नागरिकों

को बेहतर स्वास्थ्य सुविधाओं के साथ-साथ कई पुराने रोगों से मुक्ति दिला दें। इसलिए सरकार कई तरह की योजनाओं पर रात-दिन काम कर रही है, हर रविवार 'मुख्यमंत्री आरोग्य मेला' आयोजित करके अब क 60 लाख से अधिक लोगों का मुफ्त स्वास्थ्य परीक्षण एवं इलाज किया गया। लंबे अरसे से पूर्वांचल के लिए अभिशाप बनी इंसेफेलाइटिस और जे.ई. बीमारी के समूल नाश के लिए बच्चों का शत-प्रतिशत टीकाकरण किया गया। इसके परिणामस्वरूप इंसेफेलाइटिस में 75 प्रतिशत तथा मृत्यु-दर में 95 प्रतिशत तक कमी आई।

स्वास्थ्य के साथ-साथ अन्य क्षेत्रों में भी बीते कार्यकाल के दौरान अभूतपूर्व काम हुए। प्रदेश में आमजन के लिए सुविधाएँ बढ़ाने तथा बेहतर सड़कों का जाल बिछाने का कार्य तेज किया गया है। पाँच नए एक्सप्रेस-वे के निर्माण के माध्यम से बुनियादी ढाँचे को सुदृढ़ किया गया है। इसके साथ ही अपराधियों एवं माफियाओं को सलाखों के पीछे भेजकर भयमुक्त वातावरण कायम किया गया। इसका परिणाम यह हुआ कि बड़ी संख्या में उद्योगपतियों ने प्रदेश में पूँजी निवेश करना प्रारंभ कर दिया है। जहाँ पहले उत्तर प्रदेश में माफिया राज के कारण निवेशक आने से डरते थे, वहीं आज कई बड़े निवेशक उत्तर प्रदेश में अपनी उद्योग यूनिट लगा रहे हैं। इससे एक तरफ जहाँ रोजगार के अवसर पैदा हो रहे हैं तो वहीं अर्थव्यवस्था में भी वृद्धि हो रही है। इसमें योगी सरकार के विजन की बड़ी भूमिका है।

समाज के सभी वर्गों को ध्यान में रखते हुए उत्तर प्रदेश की योगी सरकार कई योजनाओं का क्रियान्वयन किया। इसके तहत युवा ही नहीं, बल्कि वृद्धजनों की सुरक्षा हेतु भी सरकार ने कई कदम उठाए हैं। 'वृद्धावस्था किसान पेंशन योजना' के अंतर्गत 3100 करोड़ रुपए का प्रावधान किया गया। 'राष्ट्रीय पारिवारिक लाभ योजना' के अंतर्गत 500 करोड़ रुपए की राशि स्वीकृत की गई। अनुसूचित जाति के पूर्वदशम एवं दशमोत्तर तथा सामान्य वर्ग की छात्रवृत्ति हेतु 1430 करोड़ रुपए का फंड दिया गया है। 'मुख्यमंत्री सामूहिक विवाह योजना' हेतु 250 करोड़ रुपए की व्यवस्था की गई है। गरीबी रेखा के नीचे जीवनयापन करने वाले अनुसूचित जाति तथा सामान्य वर्ग के व्यक्तियों की पुत्रियों की शादी हेतु 'आर्थिक सहायता योजना' के अंतर्गत 150 करोड़ रुपए का प्रावधान किया गया। इस तरह सरकार ने समाज के हर व्यक्ति के लिए कई कल्याणकारी योजनाएँ लागू की हैं। आज इन योजनाओं का लाभ प्रदेश के सभी नागरिकों को समान रूप से मिल रहा है।

सरकार ने प्रदेश में अलग-अलग सेक्टरों के लिए 21 नई इन्वेस्टमेंट फ्रेंडली नीतियाँ लागू कीं। इसके साथ 'निवेश मित्र पोर्टल' की स्थापना की गई, इस पोर्टल में अब तक 227 सेवाएँ शामिल की जा चुकी हैं। इसी कारण उत्तर प्रदेश ईज ऑफ डूइंग बिजनेस में देश में 14वें स्थान से दूसरे स्थान पर आ गया। यह योगी सरकार की दूरदृष्टि का नतीजा है कि प्रदेश में पहले जहाँ सैफई उत्सव होता था, वहीं आज प्रदेश में इन्वेस्टर सम्मिट होता है, सन् 2018 में राजधानी लखनऊ में आयोजित 'इन्वेस्टर सम्मिट' में 4.28 लाख करोड़ के एम.ओ.यू. हस्ताक्षरित हुए थे। इनमें से अनेक परियोजनाएँ शुरू हो गईं। रोजगार सृजन के लिए योगी सरकार जहाँ एक ओर एम.ओ.यू. हस्ताक्षर कर रही है तो वहीं प्रदेश भर में कई दूसरी औद्योगिक योजनाएँ भी लागू कर रही है। बुंदेलखंड में स्थापित होने वाले डिफेंस कॉरिडोर में 50 हजार करोड़ रुपए के निवेश के साथ 5 लाख लोगों को रोजगार मिलेगा। सरकार द्वारा रक्षा क्षेत्र में आत्मनिर्भरता के लिए बन रहे डिफेंस कॉरिडोर में

7,410 करोड़ रुपए के 61 सहमति-पत्रों पर हस्ताक्षर करते हुए 15 कंपनियों को भूमि आवंटित की गई। बेंगलुरु में आयोजित एयरो इंडिया शो में भी 4,500 करोड़ रुपए के 13 नए सहमति-पत्र हस्ताक्षरित किए गए। इससे यह स्पष्ट होता है कि योगी सरकार हर तरीके से राज्य को विकास के पथ पर ले जा रही है, इस विकास में 'सबका साथ, सबका विकास और सबका विश्वास' वाला भाव निहित है।

यू.पी. में निवेश, स्थिरता और भरोसे की मजबूत बुनियाद

राज्य	2015		2017				2019	
	रैंक	स्कोर	रैंक	बदलें	स्कोर	बदलें	रैंक	बदलें
गुजरात	1	71.14	5	(-4)	97.99	26.85	10	(-5)
आंध्र प्रदेश	2	70.12	1	(1)	98.3	28.18	1	-
झारखंड	3	63.09	4	(-1)	98.05	34.96	5	(-1)
छत्तीसगढ़	4	62.45	6	(-2)	97.31	34.86	6	-
मध्य प्रदेश	5	62.00	7	(-2)	97.3	35.3	4	3
राजस्थान	6	61.04	9	(-3)	95.7	34.66	8	(1)
उड़ीसा	7	52.12	14	(-7)	92.08	39.96	29	(-15)
महाराष्ट्र	8	49.43	13	(-5)	92.88	43.45	13	-
कर्नाटक	9	48.50	8	(1)	96.42	47.92	17	(-9)
उत्तर प्रदेश	10	47.37	12	(-2)	92.89	45.52	2	10
पश्चिम बंगाल	11	46.90	10	(1)	94.59	47.69	9	1
तमिलनाडु	12	44.58	15	(-3)	90.68	46.1	14	(1)
तेलंगाना	13	42.45	2	(11)	98.28	55.83	3	(-1)
हरयाणा	14	40.66	3	(11)	98.06	57.4	16	-13)

योगी सरकार ने 'उद्यम सारथी एप' के माध्यम से विभिन्न स्वरोजगार कार्यक्रमों को एक मंच पर लाकर बेरोजगारों के लिए रोजगार प्राप्ति की पूरी

प्रक्रिया आसान कर दी है। सकारात्मक नीतियों के परिणामस्वरूप कोरोना काल में ही योगी सरकार को 66 हजार करोड़ रुपए के निवेश के प्रस्ताव प्राप्त हुए। निवेशकों को एस.जी.एस.टी. से 200-300 प्रतिशत तक छूट तथा नई इकाइयों को 1000 दिन तक श्रम कानूनों में छूट एवं रियायतें दी गईं। निवेश आकर्षित करने के लिए 'इन्वेस्ट यू.पी.' के अंतर्गत 'हेल्प डेस्क' स्थापित किए गए। इन प्रयासों ने महामारी के दौर में भी उत्तर प्रदेश को विकास के पथ पर अग्रसर किया।

योगी सरकार ने कई पुरानी योजनाओं में नई जान फूँक दी, इस कारण प्रदेश के लोगों को कोरोना जैसी महामारी के दौरान भी रोजगार मिलता रहा, मनरेगा जैसी योजना में सरकार ने लगभग 101 करोड़ मानव दिवस पर 1.50 करोड़ श्रमिकों को रोजगार दिया। इसके साथ ही कई अन्य योजनाओं का लाभ प्रदेश की जनता को मिला, इनमें—'ओ.डी.ओ.पी.' के नाम से 25 लाख से अधिक लोगों को रोजगार दिया गया। इस योजना से ही प्रदेश के निर्यात में अब तक लगभग 38 प्रतिशत की वृद्धि हुई। सरकार ने एस.सी.-एस.टी. वर्ग के लिए 'नवीन रोजगार छतरी योजना' भी शुरू की है। कोरोनाकाल में ही 13 लाख एम.एस.एम.ई. इकाइयों को 42,700 करोड़ रुपए के ऋण वितरित किए गए। पाँच वर्षों में 50 लाख से अधिक नई एम.एस.एम.ई. इकाइयों को 2.13 लाख करोड़ रुपए से अधिक के ऋण उपलब्ध कराकर 1.80 करोड़ से अधिक लोगों को रोजगार दिया गया।

सरकार ने बीते पाँच सालों में निष्पक्ष एवं पारदर्शी प्रक्रिया से 4 लाख युवाओं को सरकारी नौकरियाँ दीं। रोजगार देने के उद्देश्य से युवाओं के लिए 'मिशन रोजगार' चलाया गया। इसके साथ ही युवाओं को आत्मनिर्भर बनाने के लिए भी सरकार ने कई योजनाएँ बनाईं और आज दूसरे कार्यकाल में इन योजनाओं का सफल संचालन हो रहा है। इन योजनाओं में प्रमुख रूप से वे योजनाएँ हैं, जो युवाओं को जॉब क्रिएटर के तौर पर तैयार करती हैं, न कि जॉब सीकर के तौर पर। योगी सरकार द्वारा स्थापित स्टार्टअप इकाइयों से 5 लाख युवाओं तथा बड़ी औद्योगिक इकाइयों में 3 लाख से अधिक

युवाओं को रोजगार दिया गया। सरकार ने कई जिलों में आई.टी. पार्क विकसित किए, उम्मीद है कि जिलों में स्थापित आई.टी. पार्क से 15 हजार से ज्यादा युवाओं को रोजगार मिलेगा। आशा है कि नोएडा में भी उत्तर भारत के प्रथम डाटा सेंटर से 50,000 युवाओं को रोजगार मिलेगा। इसके अलावा इस कार्यकाल के दौरान विकसित नोएडा में बन रही फिल्म सिटी अगले कार्यकाल में निवेश एवं रोजगार का बड़ा केंद्र बनेगी। कामगार/श्रमिक सेवा योजना एवं 'रोजगार कल्याण आयोग' गठित किया गया। रोजगार सृजित करने के साथ-साथ सरकार ने आत्मनिर्भर और स्वरोजगार की दिशा में भी महत्त्वपूर्ण कार्य किए।

योगी सरकार ने कोरोना के आपदाकाल में भी किसानों का हित सर्वोपरि रखा। एम.एस.पी. में लगभग दोगुना तक बढोतरी की गई है। किसानों को 66,000 करोड़ रुपए का भुगतान कर के 378 लाख मीट्रिक टन खाद्यान्न की खरीद की गई। इसमें गेहूँ, धान, दलहन, तिलहन, मक्का आदि शामिल थे। न्यूनतम समर्थन मूल्य पर 66.83 लाख मीट्रिक टन धान की खरीद की गई, जो पिछले साल के मुकाबले डेढ़ गुना से अधिक था।

योगी सरकार के पहले कार्यकाल के आखीर तक 'प्रधानमंत्री किसान सम्मान निधि योजना' के अंतर्गत 2.41 करोड़ किसानों के खाते में 27,286 करोड़ रुपए की धनराशि हस्तांतरित की जा चुकी थी। इस योजना के क्रियान्वयन में उत्तर प्रदेश को देश में सर्वश्रेष्ठ स्थान प्राप्त हुआ। 'प्रधानमंत्री फसल बीमा योजना' के अंतर्गत 2 करोड़ 5 लाख किसान सुरक्षा चक्र के कवर में आए। इसके अंतर्गत विगत कार्य काल के दौरान 21.64 लाख किसानों को 1910 करोड़ रुपए से अधिक की क्षतिपूर्ति दी जा चुकी थी। किसानों को 3 लाख 58 हजार करोड़ रुपए का फसली ऋण वितरित किया गया। किसानों की आय दोगुनी करने की दिशा में 'उत्तर प्रदेश किसान समृद्धि आयोग' का गठन किया गया। 1 करोड़ 80 लाख से अधिक किसानों को क्रेडिट कार्ड वितरित किए गए। 'मुख्यमंत्री कृषक दुर्घटना कल्याण योजना' के तहत 600 करोड़ रुपए का प्रावधान किया गया। सरकार ने युवाओं के

साथ-साथ किसानों को भी आत्मनिर्भर बनाने का प्रयास किया, खासकर उन छोटी जोत के किसानों पर विशेष ध्यान दिया, जो वर्षों से बिचौलियों के चंगुल में फँसते आ रहे थे। सरकार ने कृषि-व्यवस्था में क्रांति लाने के लिए कई प्रयास किए, इनमें सरकार ने 45 कृषि उत्पाद मंडियों को शुल्क से मुक्त किया। मंडी शुल्क में 1 प्रतिशत की कमी की गई तथा 27 मंडियों को आधुनिक किसान मंडी के रूप में विकसित किया गया। कृषकों के हित में किए गए कार्यों के कारण ही प्रदेश सरकार को भारत सरकार द्वारा 'कृषि कर्मण पुरस्कार' से सम्मानित किया गया।

उत्तर प्रदेश में गन्ने के मूल्य व उत्पादन को लेकर हमेशा से किसानों और सरकार के बीच अविश्वास रहा है, योगी ने उस अविश्वास को खत्म किया, उसी का नतीजा है कि विगत कार्यकाल के आखिरी साल तक 3911.71 लाख टन गन्ना पेराई कर 427.30 लाख टन से अधिक चीनी का रिकार्ड उत्पादन हुआ। साथ ही 45.44 लाख गन्ना किसानों को 1.26 लाख करोड़ रुपए से अधिक का रिकार्ड गन्ना मूल्य भुगतान किया गया। अब तक 261.72 करोड़ लीटर इथेनॉल का उत्पादन हुआ। कोरोना काल के दौरान रिकार्ड मात्रा में सैनिटाइजर का भी उत्पादन किया गया। गन्ना और चीनी उत्पादन में उत्तर प्रदेश को देश में लगातार तीसरी बार प्रथम स्थान मिला। 25 वर्षों में पहली बार नई 267 खाँडसारी इकाइयों को लाइसेंस जारी किए गए। इससे ग्रामीण क्षेत्रों में न केवल 30,000 से अधिक रोजगार सृजित हुए, बल्कि 66,250 टी.सी.जी. अतिरिक्त पेराई क्षमता भी सृजित हुई।

सरकार द्वारा गरीबों, खास तौर पर किसानों को जमीन के विवादों से मुक्ति दिलाने के लिए 'विरासत अभियान' चलाया गया जो अब भी जारी है। इसके अंतर्गत अब तक 8,87,817 प्रकरण निस्तारित किए गए। प्रदेश सरकार ने स्वामित्व योजना (घरौनी) शुरू की। इसके तहत 1578 गाँवों के 2,09,016 भू-स्वामियों को ऑनलाइन ग्रामीण आवासीय अभिलेख (घरौनी) वितरित किए गए। इन वितरित अभिलेखों का स्वामित्व घर की महिला के ही नाम होगा। इस तरह का प्रावधान महिलाओं को लेकर योगी

सरकार की नीति को भी स्पष्ट करता है। भूमि या घर पर महिलाओं को स्वामित्व देना निश्चित ही क्रांतिकारी कदम है, साथ-ही-साथ सरकार ने प्रदेश में 83 लाख से अधिक पेंशनधारकों (वृद्धावस्था, निराश्रित महिला तथा दिव्यांगजन) को पूरी पारदर्शिता से पेंशन उपलब्ध कराई गई।

गौपालन एवं उनके संरक्षण में भी प्रदेश अग्रणी है। प्रदेश के निराश्रित गौ आश्रय स्थलों में 5.6 लाख गोवंश संरक्षित किए गए। निराश्रित गोवंश रखने पर किसानों को 900 रुपए प्रतिमाह का भुगतान किया जाना सुनिश्चित हुआ।

सरकार द्वारा के इस कार्यकाल में हर क्षेत्र में अनेक योजनाएँ लागू की गईं। उन योजनाओं का अवलोकन करें तो स्पष्ट होता है कि योगी सरकार ने बिना किसी भेदभाव के सभी क्षेत्रों में कार्य किए, पहले से चली आ रही योजनाओं से लेकर बंद पड़े कारखानों को चलाया, सरकार ने इधर खेती किसानी को बढ़ावा देने के लिए कई योजनाएँ लागू कीं। इनमें वर्षों से लंबित 11 वृहद सिंचाई परियोजनाएँ पूर्ण करने के लिए 2.21 लाख रुपए का प्रावधान किया गया। इसके साथ ही पहले से अधिक सिंचन क्षमता सृजित की गई। सरकार द्वारा 15 परियोजनाएँ पूर्ण करके 18.14 लाख हेक्टेयर सिंचाई क्षमता और सृजित की गई। नि:शुल्क बोरिंग, गहरी एवं मध्यम बोरिंग आदि सिंचाई माध्यमों से भी सिंचन क्षमता में वृद्धि हुई। 'जल जीवन मिशन' के अंतर्गत प्रदेश की 30 हजार ग्राम पंचायतों को 'हर घर नल योजना' से जोड़ा गया।

'प्रधानमंत्री आवास योजना' (ग्रामीण एवं शहरी) के अंतर्गत 40 लाख गरीबों को घर दिए गए। उत्तर प्रदेश इस योजना में देश में प्रथम स्थान पर है। 'मुख्यमंत्री आवास योजना' के अंतर्गत 72 हजार 302 आवास दिए गए। आजादी के समय से ही उपेक्षित वनटांगिया गाँव को राजस्व ग्राम का दर्जा दिलाते हुए यहाँ मूलभूत सुविधाएँ उपलब्ध कराई गईं।

सालों से विकास के प्रकाश क्या उसकी आभा से भी दूर रहे वनटांगिया समाज को विकास के पथ पर या इसकी मुख्य धारा में लाना हो या छोटे व्यापारियों व कुटीर उद्योंगो को अर्थव्यवस्था से जोड़ना हो, इन सबमें योगी सरकार ने अग्रणी भूमिका निभाई, तभी तो आज सरकार द्वारा प्रधानमंत्री स्वनिधि योजना के अंतर्गत 3.32 लाख शहरी पटरी पर दुकान लगाने वाले विक्रेताओं को व्यवसाय के लिए ऋण दिया गया। इनमें से 37 लाख पटरी दुकानदारों को क्रियाशील पूँजी उपलब्ध कराई गई। इन लाभार्थियों में 28 प्रतिशत महिलाएँ हैं। उत्तर प्रदेश इस योजना में भी देश में प्रथम स्थान पर पहुँच गया।

प्रदेश में महिलाएँ अब भय और असुरक्षा के माहौल से उबरकर गरिमामय जीवनयापन कर रही हैं। इसके लिए कार्यकाल के आरंभ में ही 'एंटी-रोमियो स्क्वॉयड' का गठन करते हुए छात्राओं और महिलाओं को सुरक्षा प्रदान कर उनके सशक्तीकरण की दिशा में भी अहम कदम उठाया गया। 'मिशन शक्ति' के जरिए सरकार महिलाओं को उनके अधिकारों के प्रति जागरूकता का बीड़ा उठाया। सभी 1535 थानों में 'महिला हेल्प डेस्क' की स्थापना के साथ ही 10 लाख स्वयं सहायता समूहों से 1 करोड़ महिलाएँ जोड़ी गईं। 58,758 महिलाएँ 'बैंकिंग कॉरेस्पोंडेंट सखी' (बी. सी. सखी) बनाई गईं। राशन वितरण, शौचालय प्रबंधन, पोषाहार वितरण,

बिजली बिल कलेक्शन आदि में महिला सेल्फ हेल्प ग्रुप की भागीदारी बढ़ाई गई। 'मुख्यमंत्री सामूहिक विवाह योजना' के अंतर्गत 1.52 लाख से अधिक निर्धन कन्याओं का विवाह कराया गया। इसमें अनुदान राशि भी 35 हजार रुपए से बढ़ाकर 51 हजार रुपए कर दी गई। 'मुख्यमंत्री कन्या सुमंगला योजना' से अब तक 6.94 लाख बेटियाँ लाभान्वित हुईं। 'उज्ज्वला योजना' में 1.47 करोड़ रसोई गैस कनेक्शन वितरित कर यू.पी. ने देश में अग्रणी स्थान हासिल किया। 1.80 करोड़ बेटियों को 'बेटी बचाओ, बेटी पढ़ाओ' योजना का उपहार मिला। 'प्रधानमंत्री मातृ वंदना योजना' से 30.63 लाख माताएँ लाभान्वित हुईं। 651 नगरीय निकायों में पिंक पब्लिक टॉयलेट बनाए गए। 218 नए 'फास्ट ट्रैक कोर्ट' व 'महिला एवं बाल सुरक्षा संगठन' की स्थापना की गई। हिंसा से पीड़ित महिलाओं के लिए 'वन स्टॉप सेंटर' स्थापित किए गए। कोरोना काल के दौरान जन-धन खातों के माध्यम से 7 करोड़ 56 लाख महिलाओं के खातों में पैसा भेजा गया। इसके अलावा 2 करोड़ 61 लाख 'इज्जत घर' बनाए गए। उत्तर प्रदेश को इस योजना में भी देश में पहला स्थान प्राप्त हुआ।

बुनियादी सुविधाओं के विकास के लिए पहले कार्यकाल में योगी सरकार ने प्रदेश में 1,322 किलोमीटर की लंबाई वाली पाँच एक्सप्रेस-वे का निर्माण सुनिश्चित किया, दूसरे कार्यकाल के आने से पहले ही 341 कि.मी. लंबे पूर्वांचल एक्सप्रेस-वे पर आवागमन प्रारंभ भी हो गया। सरकार द्वारा तैयार किए जा रहे 297 कि.मी. लंबे बुंदेलखंड एक्सप्रेस-वे का निर्माण-कार्य भी तेजी से चल रहा है। 594 कि.मी. लंबे गंगा एक्सप्रेस-वे के लिए भूमि अधिग्रहण की प्रक्रिया पहले ही प्रारंभ हो गई थी। अब दूसरे कार्यकाल में 91 कि.मी. लंबे गोरखपुर लिंक एक्सप्रेस-वे का कार्य भी प्रगति पर है। बलिया लिंक एक्सप्रेस-वे के निर्माण की मंजूरी मिली तो प्रदेश के अंतरराष्ट्रीय/अंतर राज्यीय सीमाओं पर पड़ने वाले मार्ग तथा सभी जिला मुख्यालय चार लेन मार्ग से जोड़े गए। ऐसी तहसीलें व विकासखंड मुख्यालय, जो अब तक दो लेन मार्ग से नहीं जुड़े थे, उन्हें जोड़े जाने का काम तेज किया गया। प्रदेश में 17 एयरपोर्ट टर्मिनल को भी दो लेन मार्ग से जोड़ने के काम में प्रगति आई। 'कुशीनगर में अंतरराष्ट्रीय एयरपोर्ट' अब तैयार है, जिसका काम पिछले कार्यकाल में ही काफी हद तक पूरा

कर लिया गया था। जेवर तथा अयोध्या में अंतरराष्ट्रीय एयरपोर्ट के निर्माण की प्रक्रिया को इस दौरान काफी प्रगति मिली। इनके पूर्ण होते ही राज्य में पाँच अंतरराष्ट्रीय हवाई अड्डे उपलब्ध हो जाएंगे। वर्तमान में लखनऊ, आगरा, वाराणसी, गोरखपुर, कानपुर, प्रयागराज, हिंडन व बरेली में हवाई अड्डे क्रियाशील हैं। इस कार्यकाल में 13 अन्य एयरपोर्ट एवं एक हवाई पट्टी का विकास किया जा रहा है।

लखनऊ, गाजियाबाद, नोएडा और ग्रेटर नोएडा में मेट्रो के संचालन के बाद कानपुर एवं आगरा में भी मेट्रो सेवा शुरू हो गई। अब तो मेरठ को भी मेट्रो की सौगात मिलने जा रही है। गोरखपुर, वाराणसी, प्रयागराज और झाँसी में जल्द ही लाइट मेट्रो शुरू होगी। अब इस कार्यकाल में पूर्व नियत प्रदेश के 10 नगर भारत सरकार की ओर से तथा 7 नगर राज्य सरकार की ओर से, स्मार्ट सिटी के रूप में विकसित करने का लक्ष्य पूरा किया जाना है।

पहले कार्यकाल के पहले दिन से ही पूरे प्रदेश में शांति व्यवस्था बनाए रखना प्रदेश सरकार की प्राथमिकता रही। इसके लिए अपराधियों एवं

माफियाओं के खिलाफ जीरो टॉलरेंस की नीति अपनाते हुए कठोर कारवाई की गई। साथ ही उनके द्वारा अवैध रूप से अर्जित की गई करोड़ों रुपए की संपत्तियाँ जब्त/ध्वस्त की गईं। अपराधियों पर प्रभावी नियंत्रण के लिए पुलिस बल को सुदृढ़ करने हेतु नए पुलिस थानों, चौकियों की स्थापना के साथ ही पदों का सृजन किया गया, साथ ही पारदर्शी प्रक्रिया से 1.37 लाख पुलिसकर्मियों की भर्ती की गई। सरकार द्वारा पुलिस बल को अत्याधुनिक वाहनों एवं अन्य उपकरणों से लैस किया गया।

सरकार ने शिक्षा की गुणवत्ता में वृद्धि हेतु अनेक कदम उठाए। निष्पक्ष एवं पारदर्शी प्रक्रिया के अंतर्गत 1.30 लाख से अधिक शिक्षकों की भरती की गई। अब तक 1.35 लाख प्राथमिक स्कूलों का कायाकल्प कर उन्हें बुनियादी सुविधाओं से लैस किया गया। ड्रॉपआउट और विभिन्न कारणों से स्कूल न जा पाने वाले बच्चों के अभिभावकों को प्रेरित कर बच्चों का नामांकन कराया गया। 3 राज्य विश्वविद्यालय, 51 नए राजकीय महाविद्यालय, 194 नए सरकारी माध्यमिक विद्यालय, 28 इंजीनियरिंग कॉलेज, 26 पॉलीटेक्निक, 79 आई.टी.आई., 248 इंटर कॉलेज और 771 कस्तूरबा विद्यालयों की स्थापना की गई। 28 नए निजी विश्वविद्यालयों की मान्यता जो प्रक्रियाधीन रही थी, संभवत: इस कार्यकाल में उन्हें उपलब्ध हो जाए। इसके साथ ही इसी कार्यकाल में सरकार ने हर असेवित मंडल में एक राज्य विश्वविद्यालय व गोरखपुर में नया सैनिक स्कूल खोले जाने की घोषणा की। श्रमिकों के बच्चों की मुफ्त शिक्षा के लिए 18 मंडलों में 'अटल आवासीय विद्यालयों' की स्थापना की गई। एक अभिनव पहल के तहत 'मुख्यमंत्री अभ्युदय योजना' लागू कर प्रतियोगी छात्र-छात्राओं के लिए नि:शुल्क कोचिंग की व्यवस्था की गई। इसमें आई.ए.एस., आई.पी.एस., आई.आई.टी., टी.ई.टी. आदि प्रतियोगी परीक्षाओं की तैयारी करवाए की योजना बनाई गई। योजना के पहले चरण में ही 52 हजार से अधिक अभ्यर्थी पंजीकृत हुए। इनकी पढ़ाई भी शुरू हो गई। इस योजना के अंतर्गत प्रतिस्पर्धा में चयनित छात्रों को टैबलेट भी देने का वादा है।

सरकार ने ऊर्जा के क्षेत्र में भी उल्लेखनीय कार्य किया। प्रदेश में जहाँ पहले गाँवों में बिजली मुहैया नहीं हो पा रही थी, वहीं योगी सरकार ने ऐसी व्यवस्था की कि सभी गाँवों तक निर्बाध बिजली पहुँचने लगी। प्रथम चरण में ही 1.38 करोड़ घरों को नि:शुल्क विद्युत् कनेक्शन दिए गए। जिला मुख्यालयों पर 24 घंटे, तहसील मुख्यालय में 22 घंटे और ग्रामीण क्षेत्र में 18 से 20 घंटे निर्बाध बिजली आपूर्ति की व्यवस्था सुनिश्चित की गई। विद्युत् उत्पादन व वितरण की क्षमता में भी उल्लेखनीय वृद्धि हुई।

उत्तर प्रदेश की योगी सरकार ने अपने पहले कार्यकाल के पाँच वर्षों के दौरान 39.42 करोड़ पौधे रोपकर नया कीर्तिमान स्थापित किया और यह प्रक्रिया पूरे कार्यकाल तक सतत रही। आज देखें तो बिजनौर से बलिया तक गंगा के दोनों किनारों पर 9 करोड़ पेड़ों की हरियाली पौधारोपण के इस अभियान की सफलता की एक अलग ही कहानी कहता है। इससे इस क्षेत्र में पर्यावरण प्रदूषण के मामलों में भारी कमी आई है। गोरखपुर में 'जटायु संरक्षण केंद्र' का निर्माण भी शुरू हुआ।

प्रदेश में संस्कृति एवं पर्यटन स्थलों के विकास की दिशा में भी उल्लेखनीय कार्य हुए। 5 अगस्त, 2020 को श्रीराम मंदिर के भव्य निर्माण के लिए माननीय प्रधानमंत्री श्री नरेंद्र मोदीजी ने भूमि पूजन करके इस पुनीत कार्य की शुरुआत कर दी। काशी विश्वनाथ धाम का विकास किया गया। वाराणसी में देव दीपावली तथा अयोध्या में दीपोत्सव के भव्य आयोजन से विश्व कीर्तिमान स्थापित हुआ। मथुरा में भव्य 'कृष्णोत्सव' व बरसाना में 'रंगोत्सव' का आयोजन किया गया। बौद्ध सर्किट में श्रावस्ती, कपिलवस्तु और कुशीनगर तथा रामायण सर्किट के अंतर्गत चित्रकूट और शृंगवेरपुर का विकास जो आरंभ हुआ वो अब भी जारी है। ब्रज तीर्थ क्षेत्र विकास परिषद्, नैमिषारण्य तीर्थ क्षेत्र विकास परिषद्, विंध्य तीर्थ क्षेत्र विकास परिषद्, शुक्रधाम तीर्थ क्षेत्र विकास परिषद्, चित्रकूट तीर्थ क्षेत्र विकास परिषद्, देवीपाटन तीर्थ क्षेत्र विकास परिषद् का गठन किया गया। 'महाभारत सर्किट' के तहत महाभारत से जुड़े स्थलों का विकास आरंभ हुआ। शक्तिपीठ सर्किट

तथा अध्यात्म सर्किट के स्थलों का विकास जो योगी के प्रथम कार्यकाल में आरंभ हुआ, अब भी जारी है। जैन तथा सूफी सर्किट के तहत आगरा और फतेहपुर सीकरी के विकास की योजनाएं ही नहीं बनीं वरन उस पर कार्य भी आरंभ हुआ। विश्व का सबसे बड़ा सांस्कृतिक गौरव प्रयागराज कुंभ-2019 यूनेस्को की सराहना प्राप्त कर भव्य रूप में संपन्न हुआ।

प्रदेश सरकार ने शासन भार संभालते ही उन बिंदुओं पर ध्यान केंद्रित किया, जो आजादी के बाद से ही उपेक्षित थे। इस दिशा में सरकार ने अस्मिता की प्रतीक 'चौरी-चौरा' घटना के शताब्दी वर्ष के अवसर पर सूबे भर के शहीद स्थलों पर राष्ट्रधुन एवं राष्ट्रभक्ति के गीतों और दीप प्रज्वलन कार्यक्रम आयोजित करके इतिहास के उन पन्नों को फिर खोल दिया, जो पहले ही सुनहरे अक्षरों में लिखे जाने चाहिए थे। इसी कड़ी में महाराजा सुहेलदेव की जयंती पर प्रदेश भर में कार्यक्रम आयोजित करके स्वतंत्रता की जंग में अपने प्राण न्योछावर करने वाले योद्धाओं की वीरगाथा से नई पीढ़ी को परिचित कराया।

योगी सरकार ने वर्ष 2017 में जिस समय शपथ ली थी, उस वक्त प्रदेश का खजाना खाली था, कानून-व्यवस्था भी ध्वस्त थी। प्रदेश के अनेक क्षेत्रों में स्थिति यह हो गई थी कि लोग घर-बार बेचकर अपनी जड़ों से उखड़ने को मजबूर हो रहे थे। वर्तमान सरकार ने प्रदेश को इस दयनीय स्थिति से उबारकर जिस तरह सुशासन का राज कायम किया है, उसमें सभी पर्व एवं त्योहार शांति एवं सद्भाव के वातावरण में संपन्न हुए।

वर्तमान सरकार के कार्यकाल में लोकहित के इतने कार्य हुए हैं कि उन्हें विकास पुस्तिका में समाहित करना कठिन है, फिर भी इसमें प्रमुख योजनाओं की बानगी प्रस्तुत करने का प्रयास किया गया है। सरकार द्वारा किए गए कार्य स्वयं ही प्रमाण हैं। 'प्रत्यक्षं किं प्रमाणम्', जगमग गाँव, लहलहाते खेत, निश्चिंत महिलाएँ, उत्साहित युवा, उत्सुक उद्यमी, चमचमाती सड़कें स्वयं ही विकास की कहानी कहती हैं। योगी सरकार की दृढ़ता, दूरदर्शिता, सजग प्रबंधन, संवेदनशीलता से माहौल इतना बदल गया है

कि उत्तर प्रदेश उद्योगपतियों, पूँजी निवेशकों, कॉरपोरेट सेक्टर का सर्वप्रिय राज्य बन गया है।

लोककल्याण के लिए समर्पित योगी सरकार पर यह सूक्ति सर्वथा चरितार्थ होती है—'काले खलु समारब्धाः फलं बधन्ति नीतयः', अर्थात् समय से प्रारंभ की गई नीतियाँ सफल होती हैं। इन योजनाओं के माध्यम से आज उत्तर प्रदेश विकास के पथ पर अग्रणी है।

□

योगी रामराज्य में किसान

मुखिया मुख सो चाहिए खान पान कहुँ एक।
पालइ पोषइ सकल अंग तुलसी सहित विवेक॥

तुलसीदासजी कहते हैं कि राजा को मुख के सदृश होना चाहिए। जैसे मुख अन्न को ग्रहण करता है, पर अन्य अंगों का पालन-पोषण समान रूप से करता है, उसी तरह राजा शासक होकर जनता से कर, शुल्क व उपहार ग्रहण करता है एवं उससे राजकोष का संचालन इस प्रकार करता है कि संपूर्ण राज्य का पालन-पोषण समान रूप से हो। यही राजधर्म के निहितार्थ है। इसी प्रकार योगी के रामराज्य में किसानों का हित सर्वोपरि है। सरकार में आने के बाद से ही योगी सरकार ने किसानों को लेकर कई योजनाएँ लागू कीं। इस बारे में प्रधानमंत्री नरेंद्र मोदी का कहना है—"आत्मनिर्भर भारत अभियान का बड़ा लाभ उत्तर प्रदेश के किसानों को मिलने वाला है। अब अन्नदाता जहाँ मंडी से बाहर भी अपनी उपज बेच सकते हैं, वहीं बुआई के समय ही अपनी फसल का दाम तय कर सकते हैं। पशुपालन और डेयरी सेक्टर के लिए 15 हजार करोड़ का एक इंफ्रास्ट्रक्चर फंड भी बनाया गया। इससे अन्नदाता को फसल का उचित दाम मिलेगा और वह बिचौलियों पर भी निर्भर नहीं रहेगा।"

किसान

भारत की ग्रामीण अर्थव्यवस्था में कृषि की आज भी बड़ी हिस्सेदारी है। उत्तर प्रदेश जैसे राज्य में तो खेती-किसानी और भी महत्त्वपूर्ण हो जाती है। कृषि में सुधार से लेकर किसानों को आत्मनिर्भर बनाने के कई प्रयास

सरकार ने किए। सरकार ने 'आत्मनिर्भर कृषक समन्वित विकास योजना' के लिए 100 करोड़ रुपए का प्रावधान किया। योगी आदित्यनाथ ने उत्तर प्रदेश का मुख्यमंत्री बनते ही किसानों के हितों को ध्यान में रखते हुए कई योजनाएँ लागू कीं, इनमें से प्रमुख योजनाओं का अवलोकन करें तो स्पष्ट हो जाता है कि योगी सरकार किसानों के जीवन स्तर में सुधार लाने का हरसंभव प्रयास कर रही है, निम्नलिखित योजनाएँ इन्हीं प्रयासों में आती हैं। 'मुख्यमंत्री कृषक दुर्घटना कल्याण योजना' के तहत सरकार ने 600 करोड़ रुपए की व्यवस्था की तो साथ ही किसानों को मुफ्त पानी की सुविधा के लिए 700 करोड़ रुपए का प्रावधान किया। किसानों को रियायती दरों पर फसली ऋण उपलब्ध कराए जाने हेतु 400 करोड़ रुपए की व्यवस्था बनाई गई। प्रधानमंत्री किसान ऊर्जा सुरक्षा एवं उत्थान महाभियान के अंतर्गत 15 हजार सोलर पंपों की स्थापना का लक्ष्य रखा गया ताकि किसानों को किसी तरह की समस्या का सामना न करना पड़े।

प्रधानमंत्री किसान सम्मान निधि

केंद्र में मोदी सरकार ने आते ही सबसे पहले किसानों के हितों का ध्यान रखा। प्रधानमंत्री नरेंद्र मोदी ने किसानों को आत्मनिर्भर बनाने के लिए 'प्रधानमंत्री किसान सम्मान निधि' जैसी योजना लागू की। इस योजना के तहत सीधे किसानों के खाते में 2,000 रुपए डाले गए ताकि किसानों को राहत भी मिले और बिचौलियों से भी उनको छुटकारा मिले। 'प्रधानमंत्री किसान सम्मान निधि' के माध्यम से छोटी जोत वाले किसानों को लाभ मिला। इस योजना ने देश भर के किसानों को राहत दी। इस योजना के तहत अब तक 2 करोड़ 41 लाख किसानों के खाते में कुल 27,286 करोड़ रुपए हस्तांतरित किए गए। इसके साथ ही 'प्रधानमंत्री फसल बीमा योजना' से 2 करोड़ 5 लाख किसान लाभान्वित हुए। पहले कार्यकाल के पाँच सालों में 21 लाख 64 हजार किसानों के खाते में 1910 करोड़ रुपए क्षतिपूर्ति के लिए हस्तांतरित किए गए। इस सरकार द्वारा एम.एस.पी. में लगभग दोगुना तक बढोतरी की गई। किसानों से 378 लाख मीट्रिक टन खाद्यान्न क्रय कर के उन्हें 66 हजार करोड़ रुपए से अधिक का भुगतान किया गया। यह इस सरकार की एक बड़ी उपलब्धि मानी जानी चाहिए। कोरोना संकट काल के

समय भी मोदी और योगी सरकार ने किसानों को हरसंभव मदद दी। इसी के तहत योगी सरकार द्वारा वर्ष 2020-21 में 66.83 लाख मीट्रिक टन धान की खरीदा ग्या, यह निर्धारित लक्ष्य से डेढ़ गुना ज्यादा था। विगत पाँच वर्षों में 2387.64 लाख मीट्रिक टन कृषि उत्पादन हुआ। किसानों को प्रत्यक्ष लाभ के साथ-साथ योगी सरकार ने परंपरागत व्यवस्थाओं में भी परिवर्तन किया ताकि छोटी से लेकर बड़ी जोत तक के सभी किसानों को लाभ मिल सके। इसी क्रम में 45 कृषि उत्पाद मंडियों को शुल्क से मुक्त किया गया और सरकार ने मंडी शुल्क 1 प्रतिशत घटा दिया।

योगी सरकार ने छोटी जोत के किसानों पर विशेष ध्यान दिया, उत्तर प्रदेश में छोटी जोत के अधिक किसान हैं, परंतु उन्हें सरकार की योजनाओं का सबसे कम लाभ मिलता है। योगी सरकार ने ऐसे किसानों को प्राथमिकता देते हुए प्रदेश में बहुत से कार्य आरंभ कि और योजनाएँ संचालित कीं। सरकार ने 36 हजार करोड़ रुपए से 86 लाख लघु एवं सीमांत किसानों का ऋण चुकाया। 3 लाख 58 हजार करोड़ रुपए का फसल ऋण वितरित किया। कृषि निवेशों पर देय 1,803 करोड़ रुपए की अनुदान राशि किसानों के खाते में हस्तांतरित की गई। 'द मिलियन फार्मर्स स्कूल' में 55 लाख

से अधिक किसानों को प्रशिक्षण दिया गया। योगी सरकार द्वारा 4 करोड़ से अधिक मृदा स्वास्थ्य कार्ड एवं 1 करोड़ 80 लाख किसान क्रेडिट कार्ड वितरित किए गए। इसके साथ ही 20 कृषि विज्ञान केंद्रों की स्थापना की गई। गोरखपुर में वैटनरी विश्वविद्यालय बनाने का निर्णय लिया गया। 'राष्ट्रीय कृषि बाजार योजना' में 125 मंडियों के माध्यम से 6,81,278.18 लाख रुपए का व्यापार किया गया। इस बीच 220 नए मंडी स्थल निर्मित किए गए। प्रदेश की 27 मंडियों का आधुनिकीकरण किया गया। इस दौरान मंडी परिषद् की आय में 866 करोड़ की अभूतपूर्व वृद्धि हुई। अमरोहा और वाराणसी में मंडी परिषद् द्वारा 26.66 करोड़ रुपए की लागत से इंटीग्रेटेड पैक हाउस की स्वीकृति दी गई। 27 मंडियों में कोल्ड चैंबर और राइपेनिंग चैंबर का निर्माण किया गया। 'मुख्यमंत्री कृषि उत्पादन मंडी समिति के व्यापारी एवं आढ़ती दुर्घटना सहायता योजना' तथा 'मुख्यमंत्री मंडी स्थल, उप-मंडी स्थल अग्नि दुर्घटना सहायता योजना' लागू की गई। उच्च गुणवत्ता के फल एवं सब्जी के पौधों की उपलब्धता सुनिश्चित करने हेतु हापुड़, मऊ, बहराइच, अलीगढ़, फतेहपुर, रामपुर एवं आंबेडकर नगर में 7 मिनी सेंटर ऑफ एक्सीलेंस स्थापित किए गए।

'उत्तर प्रदेश किसान सम्मान समृद्धि आयोग' का गठन करने के साथ ही उत्कृष्ट कार्यों के लिए भारत सरकार द्वारा प्रदेश सरकार को 2 करोड़ रुपए का 'कृषि कर्मण पुरस्कार' भी शुरू किया गया। इन योजनाओं से स्पष्ट हो जाता है कि योगी सरकार अपने इस पूरे कार्यकाल के दौरान प्रदेश के किसानों के लिए उन कार्यों के प्रति समर्पित रही, जो उनके जीवन स्तर को बेहतर बना सकें। सरकार के इन प्रयासों का ही नतीजा है कि आज उत्तर प्रदेश के किसान खुशहाल जिंदगी जी रहे हैं।

सरकार ने अपने पहले कार्यकाल के अंतर्गत कृषि के क्षेत्र में अलग-अलग योजनाओं के जरिए किसानों को लाभ पहुँचाने की भरपूर कोशिशें कीं। उत्तर प्रदेश में गन्ने के भुगतान को लेकर किसानों को हमेशा दिक्कतों का सामना करना पड़ा था। उन्हें कभी उचित दाम नहीं मिलता था। जो

मिलता था, वह बिचौलियों के जरिए किसानों तक पहुँचते-पहुँचते आधा रह जाता था। योगी सरकार ने किसानों को सीधे गन्ने का भुगतान किया। उत्तर प्रदेश के 45.44 लाख किसानों को 1.26 लाख करोड़ रुपए गन्ना मूल्य का भुगतान किया गया। गन्ने की अधिक खरीद एवं खपत के लिए पिपराइच, मुंडेरवा एवं रमाला चीनी मिलों की पुनर्स्थापना की गई, साथ ही प्रदेश की 20 चीनी मिलों का आधुनिकीकरण एवं विस्तार किया गया। पूर्व स्थापित खाँडसारी इकाइयों के पुनर्संचालन हेतु निःशुल्क लाइसेंस नवीनीकरण को मंजूरी दी गई। 267 नई खाँडसारी इकाइयों के लाइसेंस स्वीकृत हुए, जिससे 66,450 टी.सी.डी. अतिरिक्त पेराई क्षमता बढ़ी एवं 30,250 रोजगार सृजित हुए। पाँच वर्षों में अब तक 427.30 लाख टन चीनी का रिकार्ड उत्पादन हुआ। इसके साथ ही 291 ई-नाम मंडियों की स्थापना की गई, जिससे आज 87 लाख से ज्यादा किसान एवं 34 हजार व्यवसायी जुड़े हुए हैं। इन कार्यों के जरिए उत्तर प्रदेश के गन्ना किसानों को लाभ तो मिला ही, साथ ही उपज में भी वृद्धि हुई, सरकार ने कई पुरानी मिलों को फिर से खोलकर रोजगार सृजन के साथ-साथ गन्ने की खपत को भी बढ़ाया। गन्ने की उपज को बढ़ाने के लिए और खेती को सींचने के लिए सरकार ने बहुतेरी योजनाओं को जमीन पर उतार कर खेतों तक पहुँचाया है। इन योजनाओं में प्रमुख रूप से कई बाँधों का पानी खेत तक पहुँचाना और बंद पड़ी पानी परियोजनाओं को पुनः संचालित करना रहा। विभिन्न सिंचाई परियोजनाओं के पूर्ण होने से 3.77 लाख हेक्टेयर सिंचन क्षमता में वृद्धि हुई।

पिछले 46 वर्षों से लंबित 'बाण सागर परियोजना' सहित पहाड़ी बाँध, पथरई बाँध, जमरार बाँध, मौदहा बाँध, पहुँज बाँध, लहचुरा बाँध, गुंटा बाँध, रसिन बाँध परियोजनाएँ एवं जाखलौन पंप नहर प्रणाली तथा सोलर पावर प्लांट की पुनर्स्थापना सहित 11 परियोजनाएँ योगी सरकार के पहले कार्यकाल के पाँच वर्षों में ही पूर्ण हो गईं। 15 सिंचाई परियोजनाएँ पूर्ण होने के अंतिम चरण में हैं जबकि आगामी वर्षों में 9 सिंचाई परियोजनाओं के आधुनिकीकरण का लक्ष्य रखा गया। योगी सरकार के पहले कार्यकाल के

दौरान इस क्षेत्र में रफ्तार को देखते हुए लगता है कि ये परियोजनाएँ नियत समय से पूर्व ही पूर्ण हो जाएँगी। 'जल जीवन मिशन' में प्रदेश की 30 हजार ग्राम पंचायतों में 'शुद्ध पाइप पेयजल योजना' चलाई गई। इस दौरान 574 करोड़ रुपए से 1 लाख 42 हजार 622 किलोमीटर नहरों की सिल्ट सफाई हुई। प्रदेश में 14,649 खेत तालाबों का निर्माण किया गया। सिंचाई के साथ बाढ़ की समस्या भी प्रदेश की बड़ी समस्या है, एक तरफ जहाँ कुछ इलाकों में लोग सूखे से त्रस्त होते हैं, वहीं दूसरी तरफ लोग बाढ़ से भी परेशान होते हैं। उत्तर प्रदेश में बाढ़ से फसलों का बड़ा नुकसान होता है, इसकी रोकथाम के लिए योगी सरकार ने कई कार्य किए, उनमें बाढ़ की रोकथाम के लिए 3,869 कि.मी. लंबाई के 523 तटबंधों पर बाढ़ सुरक्षात्मक कार्य इसी पांच साल में पूर्ण किए गए।

सरकार द्वारा संचालित बाढ़ सुरक्षा की 149 परियोजनाएँ पूर्ण हो गई हैं। 'पी.एम. कुसुम योजना' में 20177 सोलर पंप स्थापित किए गए। 'पर ड्रॉप मोर क्रॉप' माइक्रो इरिगेशन के अंतर्गत स्प्रिंकलर सिंचाई से जल संचयन तो हुआ ही उत्पादन भी गुणवत्तापूर्ण हुआ है। प्रदेश के सभी जनपदों में 'अटल भूजल योजना' को लागू किया गया। इंडो-इजराइल वाटर प्रोजेक्ट बुंदेलखंड हेतु एम.ओ.यू. किया गया। हस्ताक्षरित शासकीय भवनों पर रूफ टॉप रेन वाटर हारवेस्टिंग प्रणाली की स्थापना की गई। स्टेट ग्राउंड वाटर इन्फॉर्मेटिक्स सेंटर एवं भूजल भवन की स्थापना की गई। 2,97,477 नि:शुल्क बोरिंग, 2,615 गहरे बोरिंग, 9,580 मध्यम-गहरे बोरिंग से 7 लाख 21 हजार 258 हेक्टेयर क्षेत्र की सिंचन क्षमता में वृद्धि हुई। इसके साथ ही 2000 नवीन राजकीय नलकूपों के निर्माण से 69,050 हेक्टेयर सिंचन क्षमता का सृजन किया गया। इसके साथ ही 100 असफल राजकीय नलकूपों को पुनर्निर्मित कर 10 हजार हेक्टेयर सिंचन क्षमता सृजित की गई।

अपने प्रथम कार्यकाल के दौरान सरकार ने सिंचाई एवं जल संसाधन के क्षेत्र में भी कई योजनाएँ लागू कीं। उन योजनाओं का लाभ पूरे प्रदेश के किसानों को मिला। सरकार ने 8 परियोजनाओं को पूर्ण करने का लक्ष्य रखा

और पूरा भी किया। 'मध्य गंग नहर परियोजना' हेतु 1137 करोड़ रुपए, 'राजघाट नहर परियोजना' हेतु 976 करोड़ रुपए, 'सरयू नहर परियोजना' हेतु 610 करोड़ रुपए, 'पूर्वी गंग नहर परियोजना' हेतु 271 करोड़ रुपए तथा 'केन-बेतवा लिंक नहर परियोजना' हेतु 104 करोड़ रुपए का प्रावधान किया ताकि प्रदेश के किसानों को सिंचाई के लिए भरपूर पानी मिल सके।

योगी सरकार ने हर क्षेत्र में जनता के हित में कार्य किए। वह कृषि के अलग-अलग क्षेत्र हों या फिर सिंचाई का प्रबंध करना, सरकार ने घोषित योजनाओं को धरातल पर उतारा। इसी क्रम में सरकार ने खाद्यान्न उत्पादन का लक्ष्य 644 लाख मीट्रिक टन एवं तिलहन उत्पादन का लक्ष्य 13 लाख मीट्रिक टन निर्धारित किया; खरीफ फसल उत्पादन का लक्ष्य 223 लाख मीट्रिक टन, रबी का लक्ष्य 417 लाख मीट्रिक टन एवं तिलहन का लक्ष्य 12 लाख मीट्रिक टन निर्धारित किया। सरकार ने छोटे-बड़े सभी किसानों को 62 लाख 50 हजार कुंतल बीजों के वितरण का लक्ष्य निर्धारित किया।

गन्ने की खपत के लिए सरकार ने कई कदम उठाए। इसमें पिपराइच चीनी मिल पुनर्स्थापित करने के साथ ही 120 किलोलीटर आसवनी में सीधे गन्ने के रस से इथेनॉल बनाने की सुविधा उपलब्ध कराने की व्यवस्था की गई। इस दौरान पिपराइच मिल गन्ने के रस से सीधे इथेनॉल बनाने वाली उत्तर भारत की पहली चीनी मिल बनी। निगम क्षेत्र की मोहिउद्दीनपुर-मेरठ चीनी मिल की पेराई क्षमता 2500 टी.सी.डी. से बढ़ाकर 3500 टी.सी.डी. की गई साथ ही सरकार ने इसे 5000 टी.सी.डी. तक बढ़ाने का महात्वाकांक्षी लक्ष्य रखा।

कृषि अनुसंधान के क्षेत्र में भी सरकार ने कई कदम उठाए। सरकार कृषि के क्षेत्र में नवाचार को बढ़ावा देने के लिए प्रतिबद्ध दिखती रही। इसी क्रम में सरकार ने 20 नवीन कृषि विज्ञान केंद्रों की स्थापना का निर्णय लिया। इनमें से 17 कृषि विज्ञान केंद्रों का संचालन तो सरकार ने चार साल के भीतर शुरू भी कर दिया और 3 कृषि विज्ञान केंद्रों के लिए भूमि हस्तांतरण का कार्य भी पूरा करवा लिया। योगी सरकार ने कृषि क्षेत्र में अनुसंधान और नवीन तकनीक को लगातार बढ़ावा दिया। इसके साथ ही पशु पालन से

लेकर मछली पालन एवं हॉर्टीकल्चर को बढ़ावा देने के लिए कई लाभकारी योजनाएँ प्रदेश में लागू कीं।

सरकार ने पशु स्वास्थ्य, रोग नियंत्रण, पशुधन बीमा, नवीन पशु चिकित्सालयों का निर्माण तथा गौ-संरक्षण केंद्रों की स्थापना के साथ-साथ अस्थायी गौ-आश्रय स्थल स्थापित करने का लक्ष्य रखा। राष्ट्रीय पशु रोग नियंत्रण कार्यक्रम के अंतर्गत वर्ष 2030 तक प्रदेश के पशुओं को खुरपका-मुँहपका रोग से मुक्त कराए जाने का लक्ष्य रखा। ये लक्ष्य दूसरे कार्यकाल में पूर्ण होने की संभावना नजर आती है।

मछली पालन के क्षेत्र में रोजगार की असीम संभावनाएँ हैं, यह बात सरकार को शुरुआत से ही समझ में आ गईं। इन संभावनाओं को देखते हुए योगी सरकार ने इस क्षेत्र में भी बहुत काम किया। उन्होंने ग्राम पंचायतों के स्वामित्व वाले 3000 हेक्टेयर सामुदायिक तालाबों का 10 वर्षीय पट्टा आवंटन व समस्त स्रोतों से 300 करोड़ मत्स्य बीज उत्पादन व वितरण का लक्ष्य रखा। इसमें 2 लाख मत्स्य पालकों को नि:शुल्क प्रीमियम पर 'मछुआ दुर्घटना बीमा योजना' से कवर किया जाएगा। प्रधानमंत्री मत्स्य संपदा हेतु 243 करोड़ रुपए दिए गए।

सरकार ने इस ओर भी पूरा ध्यान दिया। 'प्रधानमंत्री सूक्ष्म खाद्य उद्योग उन्नयन योजना' हेतु 400 करोड़ रुपए दिए गए। उत्तर प्रदेश खाद्य प्रसंस्करण उद्योग नीति-2017 के क्रियान्वयन हेतु 40 करोड़ रुपए का प्रावधान किया गया।

योगी सरकार ने सहकारिता से लेकर वन एवं पर्यावरण के क्षेत्र में भी महत्त्वपूर्ण काम किया। उत्तर प्रदेश की जरूरतों और संसाधनों को ध्यान में रखते हुए कई महत्त्वपूर्ण कार्य किए। सहकारिता के क्षेत्र में सरकार द्वारा रासायनिक उर्वरकों के अग्रिम भंडारण हेतु 150 करोड़ रुपए की व्यवस्था की गई। किसानों को नाबार्ड रियायती दरों पर ऋण उपलब्ध कराए जाने हेतु ब्याज अनुदान योजना के अंतर्गत 400 करोड़ रुपए, साथ ही एकीकृत सहकारी विकास योजना के लिए 10 करोड़ रुपए दिए गए।

आज पूरी दुनिया पर्यावरण के संकट पर मंथन कर रही है। उत्तर प्रदेश सरकार ने इस क्षेत्र में कुछ ऐसे लक्ष्य निर्धारित किए हैं, जो आने वाली पीढ़ी के लिए भी लाभदायक होंगे। वर्ष 2030 तक वनावरण एवं वृक्षावरण 15 प्रतिशत किए जाने का लक्ष्य रखा गया है। वर्ष 2021 एवं वर्ष 2022 के पौधारोपण का लक्ष्य क्रमशः 30 करोड़ एवं 35 करोड़ निर्धारित किया गया। राज्य प्रतिकारात्मक वनारोपण योजना हेतु 600 करोड़ रुपए दिए गए। सामाजिक वानिकी कार्यक्रम हेतु 400 करोड़ रुपए की योजना लागू की गई।

सरकार ने उत्तर प्रदेश को हरित प्रदेश बनाने के लिए पाँच वर्षों में

39.42 करोड़ पौधारोपण का कार्य किया। एक ही स्थल प्रयागराज में 8 घंटे में अधिकतम पौध वितरित कर गिनीज बुक ऑफ वर्ल्ड रिकॉर्ड में नाम दर्ज कराया। 'गंगा हरीतिमा अभियान' के अंतर्गत बिजनौर से बलिया तक गंगा के दोनों किनारों पर 9 करोड़ पौधे लगाए गए। उत्तर प्रदेश की सरकार के द्वारा पॉलीथिन के निर्माण एवं उपयोग पर पूर्ण प्रतिबंध लगाया गया।

गाँव की खुशहाली और ग्राम स्वराज

पिछले कुछ वर्षों में गाँव धीरे-धीरे नहीं, बल्कि बहुत तेजी से खाली हुए। पिछली सरकारों की अक्षमता, नीति, नीयत और नियमन का अभाव, रोजगार की विकट समस्या, स्वास्थ्य सुविधाओं की डाँवाँडोल स्थिति और गुणवत्तापूर्ण शिक्षा के संकट ने लोगों को पलायन करने को मजबूर किया। पहले उत्तर प्रदेश से लोग अलग-अलग राज्यों में रोजी-रोटी की तलाश में बड़ी संख्या में पलायन करते थे, लेकिन पिछले कुछ सालों में जब से योगी सरकार आई, तब से पलायन को रोकने के लिए बहुत सारी योजनाओं को क्रियान्वित किया गया। आज उत्तर प्रदेश के लोग अपने ही गाँव में हर तरह की सुविधा और रोजगार पा रहे हैं। पिछले कुछ वर्षों में सरकार ने 'प्रधानमंत्री आवास योजना' (ग्रामीण) में 14 लाख 33 हजार आवास निर्मित किए। विगत कार्यकाल के दौरान आरंभ इस निर्माण कार्य के तहत 16 हजार 835 आवासों का निर्माण-कार्य इस कार्यकाल में प्रगति पर है। 'मुख्यमंत्री आवास योजना' ग्रामीण के तहत 72,302 निःशुल्क आवास दिए गए। इनमें से 49,910 आवास निर्मित, 22,392 आवासों का निर्माण-कार्य दूसरे कार्यकाल में प्रगति पर है। वनटांगिया गाँव को राजस्व ग्राम का दर्जा दिलाते हुए मूलभूत सुविधाओं का विकास किया गया। मुसहर वर्ग को 38,112 आवास, वनटांगिया वर्ग को 4,779 आवास और कुष्ठ रोग से प्रभावित परिवार को 2,115 आवास आवंटित किए गए। इन योजनाओं का लाभ लेते हुए प्रदेश की जनता खुशहाल गाँव के सपनों को साकार होते हुए देख रही है।

योगी सरकार ने खुशहाल गाँव की अपनी संकल्पना में लोगों को आवास देने के साथ-साथ गाँवों को सड़कों से भी जोड़ा। साथ ही गाँव में ही रोजगार के अवसर मुहैया कराने का प्रयास भी किया। प्रधानमंत्री ग्राम सड़क योजना के अंतर्गत अब तक उत्तर प्रदेश में 18,729.47 करोड़ रुपए की लागत से 56,861.97 कि.मी. सड़क का निर्माण किया गया।

ग्रामीण अभियंत्रण विभाग द्वारा वर्ष 2017 से 2021 तक 2813.024 कि.मी. सड़क निर्माण का कार्य पूरा किया। मनरेगा योजना से चेक डैम निर्माण, तालाब निर्माण एवं सिंचाई संबंधी 5,28,303 कार्य संपन्न किए गए। मनरेगा कन्वर्जेंस के अंतर्गत 24,798 पंचायत भवन एवं 56,960 सामुदायिक शौचालयों का निर्माण किया गया। पी.एम.जी.एस.वाई.-3 के अंतर्गत प्रथम बैच में 6,287.37 कि.मी. मार्ग स्वीकृत किया गया। मनरेगा के अंतर्गत 100.96 करोड़ मानव दिवस सृजित कर 1 करोड़ 50 लाख से अधिक श्रमिकों को रोजगार दिया गया। प्रदेश की 25 नदियों का पुनरुद्धार किया गया। योगी सरकार द्वारा विगत पाँच वर्षों में 70 हजार 806 तालाबों का निर्माण किया गया। कृषकों की आय दोगुनी करने के लिए 'मनरेगा' के तहत व्यक्तिगत भूमि पर वृक्षारोपण एवं भूमि विकास के कार्य किए गए। आजीविका संसाधनों में वृद्धि हेतु बकरी, मुरगी, भेड़, गाय और भैंस पालन पर जोर दिया गया। उत्तर प्रदेश राज्य ग्रामीण आजीविका मिशन राज्य के सभी 75 जनपदों में चालू कर दिया गया। अब दूसरे कार्यकाल में सेल्फ हेल्प ग्रुप के माध्यम से ग्रामीण क्षेत्रों में आजीविका बढ़ाने पर भी बल दिया जा रहा है।

साकार हुआ ग्राम स्वराज का सपना

योगी सरकार द्वारा संचालित योजनाओं के जरिए आज ग्राम स्वराज का सपना अब साकार होता हुआ नजर आ रहा है। सरकार ने अपने कार्यकाल के दौरान 318.14 करोड़ से 2,498 पंचायत भवनों का निर्माण करवाया। 206 बहुद्देशीय पंचायत भवनों का निर्माण-कार्य पहले ही पूर्ण हो चुका है। प्रथम कार्यकाल में 'मुख्यमंत्री पंचायत प्रोत्साहन पुरस्कार' योजना के लिए 25 करोड़ रुपए की व्यवस्था की गई। ग्राम पंचायतों को डिजिटल रूप से सशक्त करने के लिए 3,145 लैपटॉप वितरित किए गए। 24 जनपदों में 26 पंचायत लर्निंग सेंटर स्थापित किए गए। इसके साथ ही 206.58 करोड़ रुपए के व्यय से 718 अंत्येष्टि स्थलों का निर्माण-कार्य पूर्ण किया। भारत सरकार द्वारा उत्तर प्रदेश को उत्कृष्ट प्रदर्शन हेतु 'राष्ट्रीय इ-गवर्नेंस पुरस्कार' दिया

गया। महिलाओं और बालिकाओं के लिए 4450 पिंक टॉयलेट बनाए गए। आज 15 हजार महिला स्वच्छाग्रही कार्यरत हैं, 80 हजार से अधिक सामान्य स्वच्छाग्रही तैनात हैं। सरकार ने 5 लाख महिला समितियाँ गठित कीं।

इस तरह उत्तर प्रदेश सरकार ने कृषि के क्षेत्र में किसानों को आत्मनिर्भर बनाने के लिए कई योजनाओं को क्रियान्वित किया। इन योजनाओं का लाभ अब सीधे किसान को मिल रहा है। सरकार ने ध्यान रखा है कि छोटी-से-छोटी जोत वाले किसान को भी इन योजनाओं का लाभ मिले। इन योजनाओं के जरिए जहाँ एक ओर किसान की आमदनी बढ़ी है तो वहीं दूसरी ओर खेती पर लोगों का विश्वास बढ़ा है।

□

योगी रामराज्य में व्यापार

बरसत हरसत सब लखें, करसत लखे न कोय।
तुलसी प्रजा सुभाग से, भूप भानु सो होय॥

किसी भी राज्य की नींव वहाँ की जनता होती है। इस नींव को मजबूत और समृद्ध करना शासन-प्रशासन का काम होता है। जो शासक जनता की अनदेखी करता है, जनता उसे सत्ता से बेदखल कर देती है। जनता की समृद्धि के लिए सरकार वे सारी व्यवस्थाएँ करती है, जिनके जरिए जनता स्वावलंबी बने और क्षमता के अनुरूप विकास के पथ पर अग्रसर हो। उत्तर प्रदेश की योगी सरकार ने इस उक्ति को साक्षात् करके दिखाया।

सरकार जनता से लिए जाने वाले टैक्स या व्यापार-उद्योग से मिलने वाली कर-पूँजी का उपयोग जनता के हित में करती है। पहले की सरकारें जहाँ टैक्स से प्राप्त धन को अपनी और अपने परिवार की समृद्धि में लगा रही थीं, वहीं योगी सरकार ने सत्ता सँभालते ही 'तेरा तुझको अर्पण' वाली नीति व नीयत के साथ काम किया। आज जनता का पैसा जनता के कार्यों में खर्च हो रहा है। सरकार को टैक्स इस तरह से लेना चाहिए कि किसी को पता न चले, लेकिन जब उसी टैक्स का इस्तेमाल जनता के हित में खर्च हो, जैसे हाइवे बनें, पुल बनें, स्कूल-कॉलेज बनें, हॉस्पिटल बनें तो सबको पता चले। योगी आदित्यनाथ और प्रधानमंत्री मोदी के शासन के पाँच साल में व्यापार और अर्थव्यवस्था को आगे बढ़ाने का रास्ता सबल बना दिया गया।

योगी सरकार ने प्रदेश को देश की सबसे बड़ी अर्थव्यवस्था वाले राज्य

के रूप में आगे बढ़ाने का काम किया है। पिछले पाँच साल का योगी सरकार का कार्यकाल प्रदेश को बीमारू राज्य की पहचान से बाहर निकालकर समर्थ और सक्षम राज्य की ओर बढ़ाने का कालखंड रहा है। यू.पी. देश की दूसरी सबसे बड़ी अर्थव्यवस्था है और सरकार इस पर लगातार काम कर रही है। सरकार ने पहले उद्योगों के लिए माहौल बनाया। जहाँ कोई आना नहीं चाहता था, अब वहाँ लोग निवेश कर रहे हैं। आज उत्तर प्रदेश में सकारात्मक माहौल है। राज्य में निवेश के लिए अनुकूल वातावरण तैयार किया गया। इसी का परिणाम है कि यू.पी. में प्रति व्यक्ति आय दोगुनी से अधिक हो गई।

उद्योगों के लिए खुली नई राह

उत्तर प्रदेश की योगी सरकार ने राज्य में निवेश लाने के लिए कई प्रयास किए हैं। सरकार ने भारत के बड़े निवेशकों को उत्तर प्रदेश में आमंत्रित किया और उनमें भरोसा जगाया कि बदले हुए उत्तर प्रदेश में वे निवेश कर सकते हैं। उनकी सुरक्षा की पूरी जिम्मेदारी सरकार की रहेगी। इसी क्रम में योगी सरकार ने नए उद्योग खोलने की राह में आने वाली कठिनाइयों को भी दूर किया है, साथ ही बंद पड़े कई उद्योगों को फिर से चालू करने के लिए उनको आर्थिक सहायता प्रदान की। इसीलिए योगी सरकार ने नई औद्योगिक नीति लागू की। इतना ही नहीं, निवेश फ्रेंडली 21 नई नीतियाँ बनाई गईं, साथ ही 'निवेश मित्र पोर्टल' की स्थापना की गई, जिसमें 227 सेवाएँ शामिल हैं। निवेश मित्र पोर्टल के माध्यम से 2021 तक उद्यमियों को 97,849

एन.ओ.सी. निर्गत किए जा चुके थे। योगी सरकार ने इन्वेस्टर्स सम्मिट में 4.68 लाख करोड़ रुपए निवेश के एम.ओ.यू. हस्ताक्षरित किए हैं। लगभग 3 लाख करोड़ रुपए के निवेश की 371 परियोजनाएँ क्रियान्वित की गई। इससे लगभग 5 लाख लोगों को रोजगार मिला।

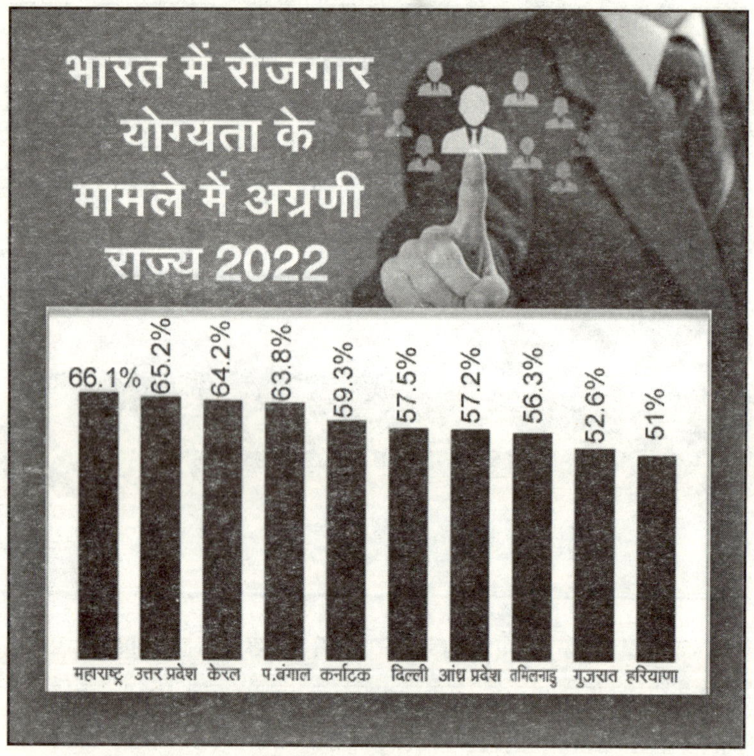

योगी सरकार ने जटिल व्यवस्था को आसान और पारदर्शी बनाने के लिए 'सिंगल विंडो सिस्टम' को अपनाया। इसके तहत ही नए उद्यमों को विभिन्न कार्यों हेतु लाइसेंस की स्वीकृति के साथ 72 घंटे में प्रदान करने की व्यवस्था भी की गई। साथ ही 1,000 दिवसों तक उद्यम को निरीक्षण से मुक्त किया गया। इसके साथ ही प्रदेश में रोजगार सृजन हेतु सरकार द्वारा किए जाने वाले कार्यों का लाभ आज भी सभी वर्गों को समान रूप से मिल रहा है, पिछली सरकारों में जहाँ विशेष धर्म व जाति के लोगों को

ही रोजगार से लेकर सरकारी योजनाओं का लाभ मिलता था, वहीं आज सबको उन योजनाओं का लाभ मिल रहा है। सरकार ने डिफेंस इंडस्ट्रियल मैन्युफैक्चरिंग कॉरिडोर का कार्य भी प्रारंभ कर दिया। राज्य में 50 हजार करोड़ रुपए के निवेश से 5 लाख रोजगार सृजित होंगे। डिफेंस कॉरिडोर के लिए 74 सहमति-पत्र हस्ताक्षरित हुए जबकि योगी सरकार के प्रयास से प्रथम कार्यकाल के आखीरी वर्ष तक 11910 करोड़ रुपए का निवेश राज्य में हो चुका था। 'ईज ऑफ डूइंग बिजनेस' में उत्तर प्रदेश अब 14वें स्थान से दूसरे स्थान पर आ गया है।

सरकार द्वारा ओ.डी.ओ.पी. (एक जनपद-एक उत्पाद) सेक्टर में 8,875 करोड़ रुपए से अधिक के ऋण वितरित किए गए। इससे 25 लाख से अधिक लोगों को रोजगार मिला। आज ओ.डी.ओ.पी. के 11296 उत्पाद अमेजन की वेबसाइट पर भी उपलब्ध हैं। साथ ही 50 लाख से अधिक नई एम.एस.एम.ई. इकाइयों की स्थापना की गई। 2 लाख 13 हजार करोड़ रुपए से अधिक का ऋण उपलब्ध कराकर 1 करोड़ 80 लाख लोगों को रोजगार मुहैया कराया गया। 'आत्मनिर्भर भारत पैकेज' में 12.91 लाख इकाइयों को 42 हजार 700 करोड़ रुपए के ऋण उपलब्ध कराए गए। अमेजन, फ्लिपकार्ट, ई-बे, सिडबी, ए.के.टी.यू., क्यू.सी.आई., एस.बी.आई., बी.ओ.बी., एन.एस.ई., बी.एस.ई. के साथ उत्पादों की मार्केटिंग, फाइनेंसिंग को बढ़ावा दिया गया। इससे प्रदेश के 65 हजार लोगों को रोजगार मिला। इस तरह योगी सरकार ने अलग-अलग क्षेत्रों में निवेश को बढ़ाने के लिए कई कार्य किए। आज उत्तर प्रदेश रोजगार सृजन के मामले में देश के कई राज्यों से आगे है। पहले जहाँ निवेशक डर के मारे आते नहीं थे, वहीं आज देश के बड़े-बड़े उद्योगपति उत्तर प्रदेश में निवेश कर रहे हैं।

उद्यम सारथी एवं कौशल विकास

उत्तर प्रदेश की योगी सरकार ने उद्यमियों के लिए सुगम व्यवस्था करने के लिए डिजिटल माध्यम का बेहतरीन प्रयोग किया। इसके तहत सरकार ने

स्व-रोजगार हेतु 'उद्यम सारथी एप' लॉन्च किया। प्रधानमंत्री रोजगार सृजन कार्यक्रम, मुख्यमंत्री युवा स्वरोजगार योजना, एक जनपद-एक उत्पाद योजना, टूलकिट वितरण योजना, विश्वकर्मा श्रम सम्मान योजना के अंतर्गत 1,80,479 रोजगार के नए अवसर सृजित किए। इन योजनाओं के जरिए 2,15,517 उद्यमी लाभान्वित हुए। प्रदेश से 1 लाख 14 हजार करोड़ रुपए से अधिक का निर्यात, जो विगत वर्ष से 25 हजार करोड़ रुपए अधिक रहा। नोएडा में फिल्म सिटी की स्थापना करने का निर्णय लिया गया। इससे निवेश एवं रोजगार के अवसर बढ़ेंगे। सरकार ने 'आइकिया' द्वारा नोएडा में 5500 करोड़ का निवेश किया। उत्तर प्रदेश की योगी सरकार को कोरोना कालखंड में 56 हजार करोड़ रुपए के निवेश प्रस्ताव प्राप्त हुए। नोएडा में 6000 करोड़ रुपए की लागत से उत्तर भारत के पहले 'स्टेट डेटा सेंटर' की स्थापना की। इससे 50 हजार युवाओं को रोजगार मिलेगा। इसके साथ ही नोएडा में सैमसंग मोबाइल यूनिट की स्थापना की गई। इन योजनाओं के जरिए योगी सरकार ने कोरोनाकाल में भी अर्थव्यवस्था को सँभाले रखा, साथ ही रोजगार के नए अवसर भी पैदा किए।

कौशल विकास पर भी योगी सरकार ने काफी काम किया, ताकि प्रदेश में 'जॉब सीकर' से ज्यादा 'जॉब क्रिएटर' हों, साथ ही प्रतिभा को भी अवसर मिले और इस अवसर पर सरकार उनकी मदद करेगी। योगी सरकार ने यह करके भी दिखाया। इसी का नतीजा है कि आज उत्तर प्रदेश में योगी सरकार के पहले ही कार्यकाल में जहाँ 13 इन्क्यूबेटर्स स्टार्टअप कार्यरत हैं तो साथ ही 336 तहसीलों में 79 कौशल विकास प्रशिक्षण केंद्र व 74 जिलों में प्रधानमंत्री कौशल विकास केंद्र भी क्रियाशील दिखते हैं। इन केंद्रों में लगभग 13 लाख युवाओं का पंजीकरण हुआ, 9.48 लाख से अधिक युवा प्रशिक्षित हुए तथा 3.50 लाख से अधिक युवा सेवायोजित हुए। 'मुख्यमंत्री युवा स्वरोजगार योजना' के अंतर्गत उद्योग स्थापना हेतु 25 लाख तक एवं सेवाक्षेत्र हेतु 10 लाख तक ऋण दिए जाने की व्यवस्था बनाई गई। उत्तर प्रदेश में जिस प्रकार आज आधुनिक इंफ्रास्ट्रक्चर पर काम चल हुआ है, उससे राज्य में उद्योग लगाने के लिए देश और दुनिया के निवेशक उत्साहित हैं।

सूक्ष्म, लघु एवं मध्यम उद्योग

सरकार ने सूक्ष्म, लघु एवं मध्यम उद्योग के लिए कई योजनाएँ लागू कीं। लंबे समय से कई लघु उद्योग बंद होने के कगार पर हैं तो कई बंद हो चुके थे। इसलिए योगी सरकार ने इस ओर विशेष ध्यान दिया। प्रदेश में 'एक जनपद-एक उत्पाद' (ओ.डी.ओ.पी.) योजना हेतु 250 करोड़ रुपए का प्रावधान किया गया। उ.प्र. स्टेट स्पिनिंग कंपनी की बंद पड़ी कई मिलों की परिसंपत्तियों को पुनर्जीवित कर पी.पी.पी. मोड में उद्योग स्थापित करने के लिए सरकार ने 100 करोड़ रुपए का अलग से प्रावधान किया। 'मुख्यमंत्री युवा स्वरोजगार योजना' हेतु 100 करोड़ रुपए की राशि सुनिश्चित की गई। शहरी एवं ग्रामीण क्षेत्रों के पारंपरिक कारीगरों हेतु 'विश्वकर्मा श्रम सम्मान योजना' के लिए 30 करोड़ रुपए दिए गए। 'मुख्यमंत्री ग्रामोद्योग रोजगार योजना' के अंतर्गत सामान्य महिला एवं आरक्षित वर्ग के लाभार्थियों को 10 लाख रुपए दिए गए तथा ब्याज रहित ऋण की व्यवस्था की गई। माटीकला की परंपरागत कला एवं कारीगरों को संरक्षित एवं संवर्धित करने हेतु 10 करोड़ रुपए दिए गए। सरकार

द्वारा अलग-अलग क्षेत्रों में कार्यरत और कार्य करने के इच्छुक लोगों के लिए ऋण से लेकर आर्थिक सहायता तक का प्रावधान किया गया। बड़े उद्योगों के साथ-साथ लघु उद्योगों के उत्थान के लिए योगी सरकार प्रतिबद्ध नजर आई। उत्तर प्रदेश का वस्त्र उद्योग कई वर्षों से उपेक्षा का शिकार था। योगी सरकार ने इन उद्यमियों के लिए भी कई योजनाएँ लागू कीं, साथ ही इस क्षेत्र में रिकार्ड रोजगार सृजित किए।

सरकार द्वारा वस्त्रोद्योग के क्षेत्र में अपने प्रथम कार्यकाल में 25,000 रोजगार सृजन का लक्ष्य रखा। पावरलूम बुनकरों को राज्य सरकार द्वारा रियायती दर पर विद्युत् आपूर्ति की गई और अब भी की जा रही है। इसके साथ ही यमुना एक्सप्रेस-वे में जेवर एयरपोर्ट के समीप एक इलेक्ट्रॉनिक सिटी की स्थापना और बुंदेलखंड में रक्षा इलेक्ट्रॉनिक्स मैन्युफैक्चरिंग क्लस्टर की स्थापना का लक्ष्य तय किया गया। लखनऊ के नादरगंज में 40 एकड़ क्षेत्रफल में पी.पी.पी. मॉडल पर अत्याधुनिक सूचना प्रौद्योगिकी कॉम्प्लेक्स निर्माण की मंसूबाबंदी जो विगत कार्यकाल में की गई इस बार पूरी होगी। इस तरह सरकार ने हर क्षेत्र को आर्थिक मदद दी, ताकि वे नए सिरे से खड़े हो सकें। रोजगार सृजन के साथ-साथ प्रदेश की जनता को समुचित सुविधाएँ मिल सकें। योगी सरकार की यह कोशिश रही कि हर क्षेत्र में उत्तर प्रदेश को उत्तम प्रदेश बनाया जाए। अब दूसरे काल में यह कार्य सतत है।

केंद्र और राज्य सरकार द्वारा कई कल्याणकारी योजनाएँ लागू की गईं। उत्तर प्रदेश की योगी सरकार इस बात के लिए प्रतिबद्ध रही कि सरकारी योजनाओं का लाभ सीधे जनता को मिले, उसकी कटिबद्धता का परिणाम है कि उत्तर प्रदेश में आज सभी योजनाओं का लाभ जनता को मिल रहा है। 'प्रधानमंत्री किसान संपदा योजना' के अंतर्गत खाद्य प्रसंस्करण के क्षेत्र में 1063.42 करोड़ रुपए के निवेश से 50 परियोजनाओं को स्वीकृति दी गई। इससे प्रदेश में 1 लाख से अधिक लोगों को प्रत्यक्ष एवं अप्रत्यक्ष रूप से रोजगार मिलेगा। बिजली उत्तर प्रदेश की स्थायी समस्या है। सरकारें आईं और गईं, लेकिन लोग अँधेरे में ही रहे, हर सरकार के चुनावी घोषणा-पत्र में

बिजली का जिक्र अवश्य होता रहा है। लेकिन किसी भी सरकार ने लोगों के जीवन में उजाला लाने का प्रयास नहीं किया, परंतु योगी सरकार ने गाँव-गाँव तक बिजली लक्ष्य को पूर्ण करते हुए 1 लाख 4 हजार 636 राजस्व गाँव एवं 2 लाख 84 हजार अन्य को विद्युतीकृत किया। साथ ही 32 करोड़ 93 लाख 52 हजार उपभोक्ताओं को नियमित विद्युत् कनेक्शन उपलब्ध कराए।

पूरे पाँच साल सरकार द्वारा जनपद मुख्यालयों में 24 घंटे, तहसील मुख्यालयों में 22 घंटे और ग्रामीण क्षेत्रों में 18 घंटे बिजली आपूर्ति की गई। 'सौभाग्य योजना' के तहत 1.38 करोड़ घरों को निःशुल्क विद्युत् कनेक्शन दिए गए। पहले कार्यकाल में में पारेषण क्षमता में 53 प्रतिशत से अधिक की वृद्धि हुई। प्रथम कार्यकाल में 6100 करोड़ की पारेषण परियोजनाओं का पी.पी.पी. मोड पर कार्य प्रगति पर थी। और इसके साथ 11 नए पारेषण उप-केंद्र क्रियाशील थे। अब योगी सरकार को नया कार्यकाल मिलने से इसमें लगातार वृद्धि जारी है। 'उजाला योजना' में बिजली की बचत करने वाले 2 करोड़ 60 लाख 80 हजार 668 एल.ई.डी. बल्बों का वितरण किया गया। इससे सालाना विद्युत् माँग में 700 मेगावाट की कमी तथा 3,385

मिलियन यूनिट बिजली एवं 1,355 करोड़ की बचत हुई। कार्यकाल के आखीरी वर्ष तक कुल विद्युत् उत्पादन क्षमता 28,422 मेगावाट तक पहुँची जो पूर्व की क्षमता से लगभग 6 हजार मेगावाट से अधिक थी। सरकार के पहले कार्यकाल की समाप्ति से पूर्व 8,262 मेगावट उत्पादन क्षमता में वृद्धि के लिए जो विभिन्न परियोजनाएँ आरंभ की गई थीं वे अंतिम चरण में थीं।

किसानों और गरीबों को सस्ती बिजली देने के लिए 12,500 करोड़ रुपए की सालाना सब्सिडी का प्रावधान किया गया। किसानों को 1.20 रुपए प्रति यूनिट बिजली उपलब्ध कराई गई। बुंदेलखंड में 4 हजार मेगावाट क्षमता की सौर परियोजनाएँ सफलतापूर्वक प्रचालित की गईं। बुंदेलखंड के किसानों को बिजली बिल के फिक्स चार्ज में 50 प्रतिशत से 75 प्रतिशत तक की छूट दी गई। अब ग्रामीण एवं शहरी क्षेत्रों में ट्रांसफॉर्मर खराब होने पर क्रमशः 48 घंटे एवं 24 घंटे के अंदर मरम्मत कर नए ट्रांसफॉर्मर रखने की व्यवस्था आरंभ की गई। साथ ही 656 नए के.वी. विद्युत् उपकेंद्र की स्थापना एवं 1,216 उपकेंद्रों की क्षमता में वृद्धि की गई। 1 लाख 36 हजार 775 निजी नलकूपों के कनेक्शन दिए गए। 'एकमुश्त समाधान योजना' में 67 लाख 9 हजार 767 उपभोक्ताओं को ब्याज अधिभार में छूट दी गई। 7786.52 किलोमीटर 33 के.वी. सर्किट लाइनों का निर्माण किया गया। इस बीच योगी सरकार ने 24 जनपदों में 32 स्थानों पर भूमिगत केबल का कार्य पूर्ण किया। आई.पी.डी.एस. योजना के अंतर्गत 3682 सर्किट कि.मी. भूमिगत केबल का कार्य पूरा किया गया। घर बैठे ऑनलाइन विद्युत् संयोजन के लिए 'इ-संयोजन एप योजना' लागू की गई। 21 लाख 25 हजार 543 उपभोक्ताओं के घरेलू विद्युत् बिलों पर संपूर्ण सरचार्ज माफ किया गया। किसानों के 39,767 निजी नलकूपों के बिजली बिल पर संपूर्ण सरचार्ज सरकार ने माफ कर दिया। इस तरह सरकार ने विभिन्न योजनाओं के जरिए जनता को लाभ पहुँचाया।

भारत में पूरे उत्तर प्रदेश में प्रति व्यक्ति आय 2012-2020

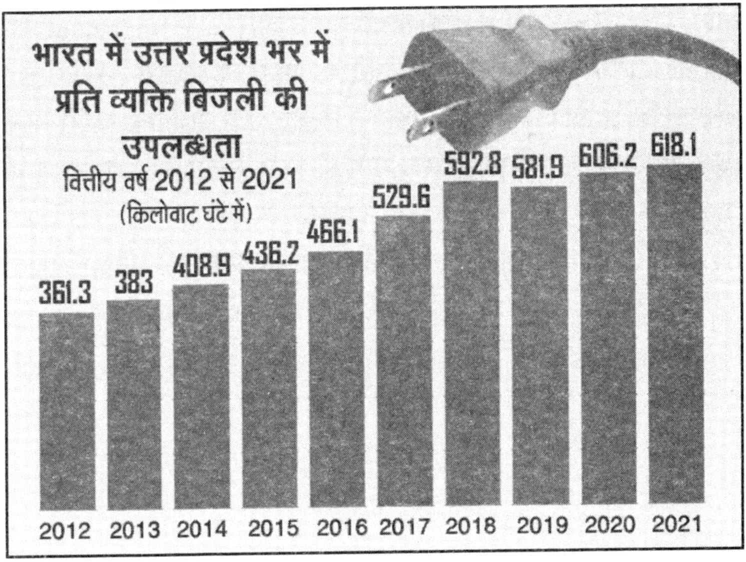

समय ऊर्जा के क्षेत्र में कार्य करने का है, यह तथ्य योगी सरकार ने अपने फले कार्यकाल के पहले दिन से ही तय कर लिया। उत्तर प्रदेश की योगी सरकार इस दिशा में ठोस कार्य किया। योगी सरकार ने 'नई सौर ऊर्जा नीति' के अंतर्गत 1,535 मेगावाट के 7500 करोड़ रुपए के प्रस्ताव को स्वीकृत किया। इसके साथ ही 420 मेगावाट क्षमता की 24 सौर पावर परियोजनाएँ संचालित की गईं। सरकार ने सौर ऊर्जा इकाई स्थापना पर स्टांप शुल्क में शत-प्रतिशत छूट दे दी। सौर ऊर्जा उत्पादन बढ़कर 1,140 मेगावाट हो गया। 225 मेगावाट क्षमता के 'सोलर रूफटॉप' स्थापित किए गए। 'पं. दीनदयाल उपाध्याय सोलर स्ट्रीट लाइट योजना' में ग्रामीण बाजारों में 25,569 सोलर स्ट्रीट लाइट की स्थापना की गई। 'मुख्यमंत्री समग्र ग्राम्य विकास योजना' में चयनित राजस्व ग्रामों में 13,791 सोलर स्ट्रीट लाइट संयंत्र स्थापित किए गए। इसके साथ ही 19,579 सोलर पंप की स्थापना हुई। सरकार द्वारा 'जैव ऊर्जा उद्यम प्रोत्साहन नीति' के अंतर्गत 2492 करोड़ रुपए का निजी निवेश आमंत्रित किया गया। साथ ही 720 करोड़ रुपए की

लागत की 180 मेगावाट क्षमता की सौर ऊर्जा उत्पाद इकाइयाँ स्थापित की गई। वाणिज्यिक भवनों में ऊर्जा बचत हेतु ऊर्जा संरक्षण भवन संहिता लागू की गई। गरीब, ग्रामीण परिवारों के घरों में एक लाख 80 हजार सोलर पावर पैक संयंत्र स्थापित किए गए। प्राथमिक विद्यालयों में अब तक 3400 सोलर आर.ओ. प्लांट लगाए गए। इसके साथ ही वाटर संयंत्रों की स्थापना भी की गई। सरकार द्वारा ऊर्जा संवर्धन और इस्तेमाल के स्तर पर सभी जरूरी काम किए गए। अब दूसरे कार्यकाल में सौर ऊर्जा के प्रयोग पर सरकार लगातार जोर दे रही है और इस दिशा में गंभीरता से कार्य भी कर रही है।

□

योगी रामराज्य में महिलाएँ

यत्र नार्यस्तु पूज्यन्ते रमन्ते तत्र देवता:।
यत्रैतास्तु न पूज्यन्ते सर्वास्तत्राफला: क्रिया:॥

जिस जगह पर नारी की पूजा होती है, अर्थात् स्त्रियों का सम्मान किया जाता है, वहाँ पर देवता निवास करते हैं, अर्थात् उस कुल के सभी कार्य संपन्न हो जाते हैं। उत्तर प्रदेश की योगी सरकार ने महिलाओं के सम्मान और सर्वांगीण विकास के लिए कई कदम उठाए हैं।

उत्तर प्रदेश की योगी सरकार ने प्रदेश की कमान सँभालते ही कानून व्यवस्था और महिलाओं की सुरक्षा व उत्थान को सबसे आगे रखा। योगी सरकार से पहले उत्तर प्रदेश में जिस तरह की अराजकता और गुंडाराज था, उसे खत्म करते हुए सभी के लिए एक सुरक्षित और भयमुक्त प्रदेश बनाने के संकल्प के साथ ही योगी सरकार ने उत्तर प्रदेश की कमान सँभाली थी। कुछ ही समय में उन्होंने ऐसा करके भी दिखाया। मुख्यमंत्री ने पिछले पाँच साल में महिलाओं के उत्थान को सर्वोच्च प्राथमिकता दी है, साथ ही कई योजनाएँ भी लागू की हैं, ताकि प्रदेश की महिलाओं की भागीदारी भी पुरुषों के बराबर हो, उनको भी समान अवसर मिलें। योगी सरकार ने 'कन्या सुमंगला योजना' के लिए 1,200 करोड़ रुपए का प्रावधान किया ताकि नवजात कन्याओं की समुचित देखभाल और पोषण हो सके। महिलाओं एवं बच्चों में कुपोषण की समस्या के निदान हेतु 'मुख्यमंत्री सक्षम सुपोषण योजना' क्रियान्वित की गई। इस योजना के लिए 100 करोड़ रुपए की व्यवस्था सरकार ने की। पुष्टाहार

कार्यक्रम हेतु 4,094 करोड़ रुपए तथा राष्ट्रीय पोषण अभियान हेतु 415 करोड़ रुपए का प्रावधान किया गया। 'महिला सामर्थ्य योजना' के लिए 200 करोड़ रुपए की व्यवस्था भी की गई। इसके साथ ही सरकार ने 'महिला शक्ति केंद्रों' की स्थापना हेतु 32 करोड़ रुपए का अलग से प्रावधान किया। इन योजनाओं के जरिए योगी सरकार ने महिलाओं के उत्थान एवं विकास को प्राथमिकता पर रखा। सबको समान अवसर मिले, यह भी योगी सरकार ने सुनिश्चित किया। इन योजनाओं और उनकी सफलता से यह बात स्पष्ट होती है।

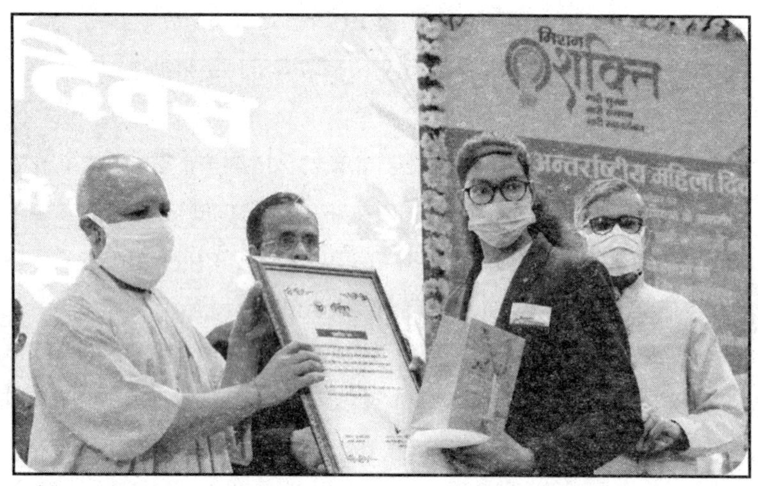

साथ चलेंगी-साथ बढ़ेंगी महिलाएँ

पहले कार्यकाल में ही योगी सरकार ने यह प्रदर्शित कर दिया कि वह महिलाओं के सशक्तीकरण के लिए प्रतिबद्ध है। समान अवसर और 'सबका साथ व सबका विकास' ही सरकार का लक्ष्य बना। महिलाओं के विकास के साथ उन्हें रोजगार में प्राथमिकता देना भी उनका प्रमुख लक्ष्य रहा, इस दौरान रोजगार के कई अवसर विभिन्न योजनाओं के माध्यम से भी सरकार ने उपलब्ध कराए। आज सरकारी, गैर-सरकारी व उद्यमी के रूप में महिलाएँ प्रदेश में कार्य करने का अवसर मिला। यह एक ऐसी तसवीर थी जो इससे पहले उत्तर प्रदेश में कभी नजर नहीं आई। अपने लक्ष्य पर आगे बढ़ते हुए योगी सरकार के

कार्यकाल में एक लाख से अधिक महिलाओं को सरकारी नौकरी मिली। इसके साथ ही 58,758 बैंकिंग कॉरेस्पोंडेंट सखी की नियुक्ति हुई। साथ ही 2 लाख से अधिक महिलाएँ पी.एम. स्वनिधि योजना से लाभान्वित हुईं। फिलहाल अब भी उत्तर प्रदेश इस योजना में देश में प्रथम स्थान पर है। सरकार ने स्वामित्व योजना (घरौनी) प्रारंभ की। इस योजना के तहत अब तक लगभग 1600 गाँवों के लगभग दो लाख लोगों को ग्रामीण आवासीय अभिलेख (घरौनी) ऑनलाइन वितरित किए गए। सरकार ने यह भी सुनिश्चित किया है कि घरौनी परिवार की महिला सदस्य के नाम ही होगी। नगरीय क्षेत्र में महिलाओं के लिए 2665 पिंक टॉयलेट बनवाए गए। महिलाओं को रोजगार के साथ-साथ आत्मनिर्भर बनाना भी योगी सरकार की प्राथमिकता रही। भू-स्वामित्व जैसा प्रावधान करके सरकार ने महिलाओं को निश्चित तौर पर सशक्त किया।

सरकार द्वारा चलाई जा रही अलग-अलग योजनाओं का लाभ प्रदेश के लोगों को मिला और अब भी मिल रहा है। योगी सरकार ने सभी

वर्ग के लोगों के लिए समान काम किया लेकिन गरीब और पिछड़े वर्ग की महिलाओं के लिए विशेष योजनाएँ लागू करके उन्हें भी विकास की मुख्यधारा से जोड़ने का प्रयास किया। इसमें विवाह के लिए धनराशि देने से लेकर स्कूल और कॉलेज में बालिकाओं को छात्रवृत्ति प्रदान करने की योजनाएँ शामिल रहीं। सरकार द्वारा चलाई जा रही 'प्रधानमंत्री मातृ वंदना योजना' के अंतर्गत लाखों माताएँ लाभान्वित हुईं। 'मुख्यमंत्री कन्या सुमंगला योजना' के तहत 6 लाख 94 हजार बेटियों को लाभ मिला। 'प्रधानमंत्री उज्ज्वला योजना' में गरीब महिलाओं को 1 करोड़ 47 लाख निःशुल्क गैस कनेक्शन वितरित किए गए। उत्तर प्रदेश ऐसा करने वाला देश का पहला राज्य बना जहाँ प्रदेश सरकार अपने नागरिकों के साथ हर स्तर पर खड़ी नजर आती है। योगी सरकार प्रदेश भर के लोगों की उम्मीद भी बनी रही, जिसका कोई नहीं है, उसकी भी देखभाल सरकार ने पूरे कार्यकाल में किया। इसी के तहत सरकार द्वारा 'विधवा पेंशन' के अंतर्गत 21 लाख 69 हजार 898 महिलाओं को पेंशन की व्यवस्था भी की। निराश्रित महिला की पेंशन हेतु आयु-सीमा की बाध्यता को समाप्त कर दिया गया। 28 लाख निराश्रित महिलाओं को 500 रुपए प्रतिमाह पेंशन दी जाती है। 10 लाख सेल्फ हेल्प ग्रुप बनाकर 1 करोड़ महिलाओं को जोड़ा गया। सरकार ने हरसंभव कोशिश की कि समाज में महिलाओं की समान हिस्सेदारी हो और वे आत्मनिर्भर बनें।

उत्तर प्रदेश की छवि जहाँ पहले आपराधिक तत्त्वों को पनाह देने वाले राज्य की थी, महिलाओं के लिए उत्तर प्रदेश पहले की सरकारों में सुरक्षित नहीं था, इस बात का उदाहरण पिछली सरकारों की नीति, बयान और महिलाओं पर हुए अत्याचारों के आँकड़े हैं। योगी सरकार ने महिलाओं को आत्मनिर्भर बनाने के साथ-साथ उनके लिए सुरक्षित वातावरण निर्मित करने का संकल्प लिया। इसी का नतीजा है कि 'मिशन शक्ति' जैसी योजनाओं के जरिए सरकार ने प्रदेश की करोड़ों महिलाओं को जागरूक किया। साथ ही महिलाओं में विश्वास भी पैदा किया। महिलाओं को जागरूक एवं

आत्मनिर्भर बनाने के लिए 'मिशन शक्ति अभियान' के तहत 7.30 करोड़ महिलाओं को जागरूक किया गया। सभी 1,535 पुलिस थानों पर महिला हेल्प डेस्क की स्थापना की गई। अल्पसंख्यक मुसलिम महिलाओं को बिना महरम हज पर जाने की सुविधा दी गई। महिला हेल्पलाइन 1090 सेवा में तुरंत संज्ञान लेते हुए 98.80 प्रतिशत शिकायतों का निस्तारण किया गया है। हर जिले में एंटी रोमियो स्क्वॉयड गठित किया गया है। 'शबरी संकल्प अभियान' 39 जनपदों में संचालित किया गया। 3 से 5 वर्ष तक के कुपोषित बच्चों को अनुपूरक पोषक आहार प्रदान करने की योजना चलाई गई। इससे कुषोषण में दो प्रतिशत की कमी आई। पोषण एवं स्वास्थ्य संबंधी जानकारी देने के लिए पोषण पखवाड़ों का आयोजन किया गया। 'मुख्यमंत्री सक्षम सुपोषण योजना' हेतु नए बजट में 100 करोड़ रुपए का प्रावधान किया गया।

'बेटी बचाओ, बेटी पढ़ाओ' अभियान केंद्र की मोदी सरकार का 'ड्रीम प्रोजेक्ट' है। अपने पहले कार्यकाल में ही मोदी सरकार ने इस योजना को

जागरूकता के स्तर से लेकर लागू करने तक में महत्त्वपूर्ण प्रयास किए। उत्तर प्रदेश की कमान सँभालते ही योगी सरकार ने भी इस योजना को प्रदेश भर में युद्ध स्तर पर लागू किया। इसी के तहत कई अन्य योजनाएँ भी प्रदेश की बेटियों के लिए चलाईं। आज सरकार बेटियों की पढ़ाई से लेकर नौकरी और विवाह तक में सहयोग कर रही है। एक आदर्श राजनेता या जनसेवक का यही तो दायित्व होता है। 'बेटी बचाओ, बेटी पढ़ाओ' योजना से अभी तक 1 करोड़ 80 लाख बेटियाँ लाभान्वित हुईं। नए बजट में 'महिला सामर्थ्य योजना' के लिए 200 करोड़ की व्यवस्था की गई। महिला शक्ति केंद्रों के लिए 36 करोड़ की व्यवस्था की गई। 'किशोरी बालिका योजना' से 2 लाख चार हजार से अधिक किशोरियाँ लाभान्वित हुईं। हिंसा से पीड़ित महिलाओं के लिए सभी जनपदों में 'वन स्टाप सेंटर' स्थापित किए गए। पहला कार्यकाल पूरा होने तक 1,04,859 से अधिक महिलाएँ लाभान्वित हुई। सरकार ने 'महिला एवं बाल सुरक्षा संगठन' की स्थापना भी की।

पंजीकृत निर्माण श्रमिक (महिला एवं पुरुष) की अधिकतम दो पुत्रियों के विवाह हेतु प्रति पुत्री 75 हजार का अनुदान दिया गया। इससे कर्यकाल के चौथे साल के आखीर तक कुल 28,951 पात्र लाभान्वित हो चुके थे। प्रदेश में 1,89,789 आँगनबाड़ी केंद्र स्वीकृत हैं। आँगनबाड़ी केंद्रों पर गोद भराई एवं अन्नप्राशन का आयोजन भी करने की शुरुआत हुई और इसके तहत 9 लाख 70 हजार 65 आयोजन किए गए। पौत्री (पुत्र की पुत्री), भतीजी (सगे भाई की पुत्री) और भानजियों (सगी बहन की पुत्री) को भी राजस्व संहिता में भौमिक अधिकार दिए जाने का प्रावधान किया गया। इन योजनाओं से प्रदेश की आधी आबादी को हर स्तर और क्षेत्र में लाभ मिला। सरकार ने अपने कार्यकाल में यह सिद्ध किया कि वह इन योजनाओं के जरिए महिलाओं के सर्वांगीण विकास के लिए प्रतिबद्ध है।

सर्वजन हित : समरस समाज, इस सोच के साथ उत्तर प्रदेश की योगी सरकार ने हर क्षेत्र में कार्य किया। सरकार ने कई तरह की योजनाओं के जरिए हर वर्ग की महिलाओं को सशक्त बनाने के प्रयास किए। 'मुख्यमंत्री अभ्युदय योजना' के जरिए हजारों छात्र-छात्राओं को लाभ मिला। योगी सरकार ने उत्तर प्रदेश की कमान सँभालते ही छात्र-छात्राओं को प्रतियोगी परीक्षाओं के लिए हर मंडल पर निःशुल्क कोचिंग की अभिनव पहल की,

ताकि प्रदेश की प्रतिभाओं को उचित स्थान मिल सके। इस योजना के प्रथम चरण में 52 हजार से अधिक छात्र-छात्राएँ पंजीकृत हुईं। इस योजना का द्वितीय चरण भी शीघ्र प्रारंभ हुआ, साथ ही 'मुख्यमंत्री सामूहिक विवाह योजना' के अंतर्गत एक लाख 52 हजार से अधिक गरीब कन्याओं का विवाह कराया गया। इसके लिए दी जाने वाली अनुदान राशि 35 हजार रुपए से बढ़ाकर 51,000 रुपए कर दी गई। इसके लिए नए बजट में सरकार द्वारा 250 करोड़ रुपए का प्रावधान किया गया। इससे 6 लाख 94 हजार 222 से अधिक बालिकाएँ लाभान्वित हुई। नए बजट में 12,00 करोड़ रुपए की व्यवस्था की गई। वृद्धावस्था पेंशन प्रतिमाह 400 रुपए से बढ़ाकर 500 रुपए कर दी गई इसे 800 रुपए तक बढ़ाने का प्रस्ताव पास किया गया। अनुमान लगाया गया कि इससे 51 लाख 21 हजार 454 वृद्धजन लाभान्वित होंगे। इन योजनाओं के जरिए आज उत्तर प्रदेश किसी भी अन्य राज्य से आगे है, एक तरह से उत्तर प्रदेश अन्य राज्यों के लिए एक मॉडल है।

सरकार ने निराश्रित महिला पेंशन हेतु आयु सीमा की बाध्यता को समाप्त कर दिया और 28 लाख निराश्रित महिलाओं को 500 रुपए प्रतिमाह पेंशन देना शुरू किया। कोल एवं थारू जनजाति के 38 गाँव 'राजस्व ग्राम' घोषित करके 27,764 मुसहर, 4,466 वनटांगिया तथा 81 थारू जनजाति के लोगों तथा शेष अन्य पात्र व्यक्तियों को आवास आवंटित किए गए। 'बेटी बचाओ, बेटी पढ़ाओ' योजना के अंतर्गत 1 करोड़ 80 लाख बेटियाँ लाभान्वित हुई हैं। हिंसा से पीड़ित महिलाओं की सहायता के लिए प्रदेश के सभी 75 जनपदों में योजना लागू की गई। इससे अब तक 1,04,859 महिलाएँ लाभान्वित हुईं। साथ ही 1,528 करोड़ रुपए से 5 लाख 9 हजार 213 परिवारों को आर्थिक सहायता दी गई। सरकार द्वारा दी जा रही आर्थिक सहायता से प्रदेश की जनता को लाभ तो मिला ही, उसके साथ ही विकास की दौड़ में जो पीछे रह गए, उन्हें भी सरकार मुख्यधारा से जोड़ने में सफल रही।

पंजीकृत निर्माण श्रमिक (महिला एवं पुरुष) की अधिकतम दो पुत्रियों के विवाह के लिए 75 हजार रुपए का अनुदान देने का प्रावधान किया गया। इस योजना से कार्यकाल के चार साल के बाद तक कुल 28,951 पात्र लाभान्वित हो चुके थे। 'संत रविदास शिक्षा सहायता योजना' के तहत निर्माण श्रमिकों की 9वीं, 10वीं, 11वीं एवं 12वीं कक्षा उत्तीर्ण पुत्रियों को स्कूल जाने के लिए साइकिल देने का प्रावधान किया गया। कार्यकाल के दौरान प्रदेश भर में 1,556 से अधिक साइकिलें वितरित की गईं। प्रधानमंत्री मुद्रा योजना के तहत पूरे प्रदेश के लोगों को लाभ मिला। इस योजना के अंतर्गत शिशु, किशोर एवं तरुण श्रेणी में क्रमशः 50 हजार, 5 लाख तथा

10 लाख रुपए तक के ऋण का प्रावधान किया गया। इससे प्रदेश में 1 करोड़ 39 लाख उद्यमी लाभान्वित हुए। इस योजना के तहत 18 से 50 वर्ष आयु के खाताधारकों को 330 रुपए वार्षिक प्रीमियम पर 2 लाख रुपए का जीवन बीमा कवर मिलेगा। इसके तहत 162 लाख 83 हजार पात्र लोगों को लाभ मिलेगा। इस योजना के तहत पहले कार्यकाल के पूर्ण होने से पूर्व 7 करोड़ 2 लाख जन-धन खाते खोले गए। इस योजना के तहत इतने खाते खोलने में उत्तर प्रदेश देश में प्रथम स्थान पर रहा। इस योजना के तहत 36 लाख 60 हजार 615 सुपात्र लोगों को पेंशन देना आरंभ हुआ। उत्तर प्रदेश इस योजना में देश में प्रथम स्थान पर रहा।

योगी सरकार ने छात्र-छात्राओं के लिए कई योजनाओं के तहत छात्रवृत्ति देने का प्रावधान किया। इसका लाभ प्रदेश के लाखों छात्र-छात्राओं को अब भी मिल रहा है। अनुसूचित जाति के 10वीं से नीचे की कक्षाओं में पढ़ने वाले 15 लाख 22 हजार 151 छात्र-छात्राओं को 391.75 करोड़ रुपए और अनुसूचित जाति के 10वीं से ऊपर की कक्षाओं में पढ़ने वाले 39 लाख 33 हजार 168 छात्र-छात्राओं को 5,309 करोड़ रुपए की छात्रवृत्ति वितरित की गई। अनुसूचित जनजाति के पूर्वदशम के 12516 छात्र-छात्राओं को 37 लाख रुपए और अनुसूचित जनजाति के दशमोत्तर के 63187 छात्र-छात्राओं को 71.49 करोड़ रुपए की छात्रवृत्ति वितरित की गई। अन्य पिछड़ा वर्ग के 27 लाख 84 हजार 993 पूर्वदशम छात्र-छात्राओं को 576.48 करोड़ रुपए और दशमोत्तर के 59 लाख 92 हजार 936 छात्र-छात्राओं को 4217.15 करोड़ रुपए की छात्रवृत्ति वितरित की गई। अल्पसंख्यक वर्ग के 4 लाख 31 हजार 730 पूर्वदशम छात्र-छात्राओं को 109.6 करोड़ रुपए और दशमोत्तर के लाख 57 हजार 210 छात्र-छात्राओं को 899.92 करोड़ रुपए की छात्रवृत्ति सरकार द्वारा वितरित की गई। सामान्य वर्ग के 2 लाख 32 हजार 552 पूर्वदशम छात्र-छात्राओं को 59.58 करोड़ रुपए एवं दशमोत्तर के लाख 75 हजार 621 छात्र-छात्राओं को 2052.65 करोड़ रुपए की छात्रवृत्ति वितरित की गई। सरकार द्वारा दी गई इन छात्रवृत्तियों

से प्रदेश के सभी वर्ग व समुदाय के छात्र-छात्राओं को लाभ मिला। शिक्षा ग्रहण करने में आने वाली कठिनाइयों को सरकार भली-भाँति जानती थी। इसलिए सरकार ने छात्रवृत्ति के साथ-साथ कई नए स्कूल व कॉलेज भी खोले। इनमें छात्राओं का विशेष ध्यान रखा गया। दूसरे कार्यकाल में सभी 18 मंडलों में अटल आवासीय विद्यालय निर्माण-कार्य प्रगति पर है।

इसके साथ ही इस दौरान 103 पं. दीनदयाल उपाध्याय राजकीय आश्रम पद्धति विद्यालय संचालित किए गए। 'प्रधानमंत्री जन विकास' कार्यक्रम के तहत 42 राजकीय इंटर कॉलेज निर्मित किए गए। अनुसूचित जनजाति अत्याचार निवारण अधिनियम-1989 के तहत दर्ज मामलों के त्वरित निस्तारण के लिए 25 नए कोर्ट गठित किए गए। अल्पसंख्यक महिलाओं को बिना महरम हज पर जाने की सुविधा दी गई। अल्पसंख्यक वर्ग के निर्धन व्यक्तियों की पुत्रियों की शादी हेतु रुपए 20,000 की सहायता प्रदान की गई।

इसके साथ 'प्रधानमंत्री श्रम योगी मानधन योजना' में 6 लाख 14 हजार 993 लाभार्थी पंजीकृत हुए। बढ़ई, दरजी, टोकरी बुनकर, नाई, सुनार, लोहार, कुम्हार, हलवाई आदि के प्रोत्साहन हेतु 'विश्वकर्मा श्रम सम्मान योजना' एवं 'उ.प्र. माटी कला बोर्ड' का गठन किया गया। 60 वर्ष की आयु पूर्ण कर चुके श्रमिकों को प्रतिमाह 1,000 रुपए की पेंशन दी जाएगी, ऐसा निश्चय किया। इस योजना के तहत अब तक 85 लाख से अधिक श्रमिकों का पंजीकरण हुआ है। कार्यस्थल पर श्रमिक की मृत्यु होने पर 5 लाख रुपए, स्थायी विकलांगता पर 3 लाख रुपए एवं आंशिक विकलांगता पर 2 लाख रुपए की सहायता का प्रावधान किया गया है। बाल श्रम उन्मूलन हेतु 'नया सवेरा योजना' के तहत 23,482 बाल श्रमिकों को शिक्षा से जोड़ा गया।

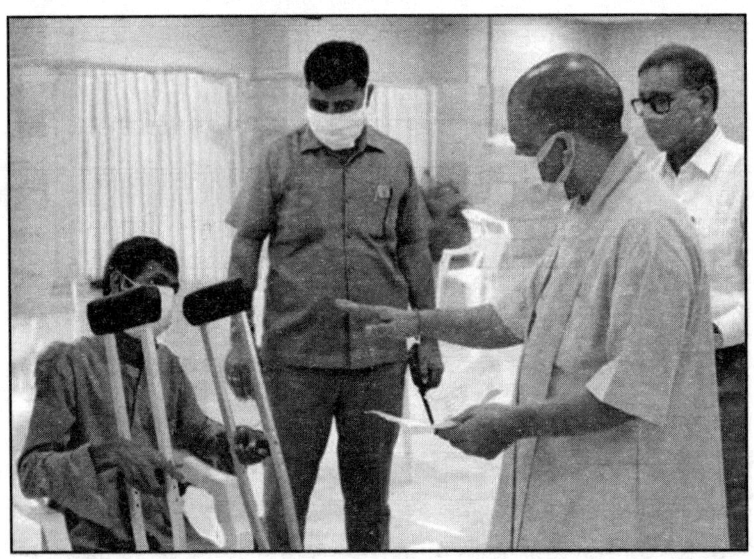

शारीरिक तौर पर अक्षम लोगों के लिए भी योगी सरकार ने हरसंभव कार्य किए, पेंशन से लेकर उन्हें रोजगार से जोड़ने का प्रयास किया। साथ ही हर तरह की मदद सरकार द्वारा दिव्यांगजनों को दी गई, सरकार ने दिव्यांगजन पेंशन प्रतिमाह 300 रुपए से बढ़ाकर 500 रुपए कर दी। इस योजना के

तहत 11 लाख 2 हजार 28 दिव्यांगजनों को प्रतिमाह पेंशन देना तय हुआ और यह लगातार मिल रही है। योगी सरकार ने 1,67,960 शारीरिक रूप से अक्षम व्यक्तियों को कृत्रिम अंग एवं सहायक उपकरण भी वितरित किए। कुष्ठ दिव्यांगजनों के पुनर्वासन हेतु 2500 रुपए प्रतिमाह आर्थिक सहायता का प्रावधान किया गया। सरकार ने 3,317 दिव्यांगों को 'विवाह प्रोत्साहन पुरस्कार' से सम्मानित किया। युवक के दिव्यांग होने पर 15,000 रुपए एवं युवती के दिव्यांग होने पर 20,000 रुपए तथा दोनों के दिव्यांग होने की दशा में 35,000 रुपए 'विवाह प्रोत्साहन अनुदान' की व्यवस्था की गई। इस तरह सरकार ने विभिन्न योजनाओं के जरिए प्रदेश के हर वर्ग व आयु के लोगों को लाभ पहुँचाया है। इसका असर अब देखने को मिल रहा है।

□

योगी रामराज्य में युवा

गुरु गृह गए पढ़न रघुराई।
अल्पकाल विद्या सब आई॥

व्यक्ति को गुरु की कृपा के बिना कुछ भी प्राप्त नहीं हो सकता। गुरु शरण में जाने से ही मुक्ति का द्वार खुलता है। उत्तर प्रदेश की योगी सरकार ने प्रदेश के युवाओं को आगे बढ़ाने और उन्हें बेहतर अवसर देने के लिए हर तरह की व्यवस्था की। एक तरह से सरकार अपने दायित्वों का निर्वहन करते हुए प्रदेश के युवाओं के लिए गुरु की भूमिका भी निभाती रही।

भारत आज दुनिया का सबसे युवा आबादी वाला देश है। युवाओं के कंधे पर ही देश का भविष्य निर्भर है। ऐसे में युवाओं के भविष्य को बेहतर बनाना हर सरकार का लक्ष्य होना चाहिए। उत्तर प्रदेश की योगी सरकार ने युवाओं के सपनों को पूरा करने के लिए अनेक योजनाओं को क्रियान्वित किया। योगी सरकार प्रदेश की युवा आबादी पर किसी भी अन्य राज्य की सरकारों से ज्यादा इन्वेस्ट करने वाली सरकार है। सरकार द्वारा आरंभ की गई 'मुख्यमंत्री अभ्युदय योजना' के अंतर्गत प्रतिस्पर्धा से चयनित छात्र-छात्राओं को टैबलेट उपलब्ध कराए गए। संस्कृत विद्यालयों में अध्ययन रत निर्धन छात्रों को निःशुल्क छात्रावास एवं भोजन की सुविधा दी गई। इस तरह की कई योजनाओं का लाभ प्रदेश की युवा आबादी को मिलता रहा।

सरकार द्वारा 'युवा खेल विकास एवं प्रोत्साहन योजना' के तहत 8.55 करोड़ रुपए का प्रावधान किया गया। ग्रामीण स्टेडियम एवं ओपन जिम

निर्माण हेतु 25 करोड़ रुपए आवंटित किए गए। जनपद मेरठ में नए स्पोर्ट्स विश्वविद्यालय की स्थापना हेतु 20 करोड़ रुपए आवंटित किए गए। युवक एवं महिला मंगल दलों के प्रोत्साहन हेतु 20 करोड़ रुपए का अलग से प्रबंध किया गया। युवा अधिवक्ताओं को आर्थिक सहायतार्थ कॉर्प्स फंड में 5 करोड़ रुपए दिए गए। अधिवक्ता चैंबर एवं अन्य अवस्थापना सुविधाओं हेतु 20 करोड़ रुपए का प्रावधान सरकार द्वारा किया गया। युवा अधिवक्ताओं के लिए पुस्तक एवं पत्रिका आदि क्रय करने हेतु 10 करोड़ रुपए के फंड की व्यवस्था की गई। इस तरह योगी सरकार ने अलग-अलग क्षेत्रों में सक्रिय और भविष्य बनाने वाले युवाओं के लिए कई योजनाएँ प्रदेश में लागू कीं। इन योजनाओं में तुरंत आर्थिक सहायता का प्रावधान किया गया, जिससे प्रदेश के लाखों युवाओं को फायदा मिलने लगा।

पिछली सरकारों ने गुणवत्तापूर्ण शिक्षा देने में सबसे ज्यादा अनदेखी की इसलिए उत्तर प्रदेश की शिक्षा व्यवस्था हमेशा सवालों के घेरे में रही। योगी सरकार ने उत्तर प्रदेश की सत्ता में आते ही स्कूली शिक्षा को बेहतर बनाने की दिशा में काम किया। योगी सरकार का लक्ष्य सिर्फ शिक्षा नहीं बल्कि गुणवत्तापूर्ण शिक्षा सबको मिले, यह सुनिश्चित करना था। पहले कार्यकाल के दौरान योगी सरकार ने अपना यह लक्ष्य प्राप्त कर लिया। आज उत्तर प्रदेश की बेसिक शिक्षा की गुणवत्ता किसी भी अन्य राज्य से कमतर नहीं है। शिक्षा के क्षेत्र में उत्तर प्रदेश सरकार ने काफी निवेश किया। सरकार द्वारा चलाई जा रही योजना 'स्कूल चलो अभियान' के अंतर्गत चार वर्ष में 4 करोड़ 80 लाख से अधिक बच्चों का नामांकन हुआ। शारदा (स्कूल हर दिन आएँ) पोर्टल के माध्यम से आउट ऑफ स्कूल और ड्रॉप आउट बच्चों का फिर से नामांकन किया गया। इसके साथ ही 69 हजार शिक्षकों की नियुक्ति की गई। 'ऑपरेशन कायाकल्प योजना' के तहत 1 लाख 35 हजार विद्यालयों में बुनियादी सुविधाओं का विकास किया गया। साथ ही सरकार ने 771 'कस्तूरबा विद्यालयों' की स्थापना की। कक्षा 1 से 8 तक के स्कूली बच्चों को निःशुल्क जूते, मोजे, स्वेटर, पाठ्य-पुस्तकें एवं बस्ते वितरित किए गए। इन

योजनाओं और अनेक कार्यक्रमों का लाभ प्रदेश के युवाओं को भरपूर मिला।

योगी सरकार द्वारा वनटांगिया ग्रामों में 33 प्राथमिक एवं उच्च प्राथमिक विद्यालयों का निर्माण किया गया। इसके साथ ही 15 हजार परिषदीय विद्यालयों में अंग्रेजी माध्यम से शिक्षण कार्य संचालित करना आरंभ किया। सरकार द्वारा 24,721 विद्यालयों का संविलयन कर शिक्षकों की कमी को दूर किया गया। कोविड-19 वैश्विक महामारी को दृष्टिगत रखते हुए 'मिशन प्रेरणा' के तहत इ-पाठशालाओं का संचालन किया गया। यह प्रयोग अत्यधिक सफल रहा। अपने पहले कार्यकाल के दौरान योगी सरकार की कोशिश रही कि शिक्षा के क्षेत्र में हर स्तर पर विद्यार्थियों को लाभ मिले, साथ ही सुविधाओं की दृष्टि से भी कोई कमी न रहे।

बेसिक शिक्षा के साथ ही माध्यमिक शिक्षा की गुणवत्ता में सुधार हेतु योगी सरकार ने कई कदम उठाए। इनमें सबसे पहले योगी सरकार ने अध्यापकों के रिक्त पदों को भरा। इसी के तहत अध्यापकों के 5 हजार 987 नए पद सृजित भी किए गए। सरकार द्वारा 194 नए इंटर कॉलेज संचालित किए गए, साथ ही 56 नए इंटर कॉलेज की स्वीकृति भी दी गई। प्रथम कार्यकाल की समाप्ति से थोड़ा पूर्व तक सरकार का महत्त्वपूर्ण कदम 'शिक्षा सेवा अधिकरण' के गठन की काररवाई प्रक्रियाधीन थी और साथ ही 107 विकास खंडों में बालिका छात्रावास भी निर्माणाधीन थे जबकी सभी 18 मंडलों में 'अटल आवासीय विद्यालय' की स्थापना कर दी गई थी। उत्तर प्रदेश बोर्ड के मेधावी विद्यार्थियों के निज ग्राम तक ए.पी.जे. अब्दुल कलाम गौरव पथ का निर्माण किया गया। लॉकडाउन अवधि में व्हाट्सएप वर्चुअल कक्षाएँ संचालित की गईं। दूरदर्शन के 'स्वयंप्रभा' चैनल 22 के माध्यम से कक्षा 9 से 12 हेतु इ-कक्षाएँ भी संचालित की गईं। बालिकाओं को आत्मरक्षा कार्यक्रम के अंतर्गत जूडो प्रशिक्षण दिया जाना शुरू हुआ। 'एक भारत श्रेष्ठ भारत' कार्यक्रम के अंतर्गत अरुणाचल व मेघालय के साथ सांस्कृतिक एवं शैक्षणिक आदान-प्रदान करना एक महत्त्वपूर्ण पहल रही। इन कार्यक्रमों का लाभ प्रदेश की युवा आबादी को खूब मिला।

गुणवत्तापूर्ण शिक्षा के साथ ही रोजगारपरक शिक्षा मुहैया कराना भी योगी सरकार की प्राथमिकता रही। इसलिए सरकार ने व्यावसायिक शिक्षा से संबंधित अनेक केंद्र खोले और प्रदेश के अधिक-से-अधिक युवाओं को इसका लाभ मिले, यह भी सुनिश्चित किया। इसी के तहत योगी सरकार ने राजकीय आई.टी.आई. की संख्या 260 से बढ़ाकर 305 कर दी। राजकीय आई.टी.आई. में सीटों की संख्या को बढ़ाया गया। आज राजकीय आई.टी. आई. में 1 लाख 73 हजार 176 सीटें हैं। 'मुख्यमंत्री युवा स्वरोजगार योजना' में 25 लाख रुपए तक एवं सेवा क्षेत्र में 10 लाख रुपए तक के ऋण की व्यवस्था की गई। सभी राजकीय प्रशिक्षण संस्थानों में अनुसूचित जाति, जनजाति के अभ्यर्थियों को नि:शुल्क प्रशिक्षण दिया आरंभ हुआ। इसके साथ ही 35 विधानसभा क्षेत्रों में नए राजकीय आई.टी.आई. की स्थापना की गई। इसके साथ ही सरकार ने व्यावसायिक शिक्षा पाठ्यक्रम में नए ट्रेड शामिल किए, ताकि रोजगार के और अवसर पैदा हो सकें। सरकार ने व्यावसायिक शिक्षा के क्षेत्र में नए अवसर के साथ-साथ नए केंद्र भी खोले। साथ ही सरकार की कोशिश रही कि प्रदेश के युवाओं को प्रदेश में ही गुणवत्तापूर्ण शिक्षा के साथ स्किलपूर्ण यानी कौशल की शिक्षा भी मिले।

उच्च शिक्षा के क्षेत्र में उत्तर प्रदेश सरकार ने कई महत्त्वपूर्ण कदम उठाए। उत्तर प्रदेश में उच्च शिक्षा के कई प्रतिष्ठित केंद्र हैं। योगी सरकार ने इन केंद्रों का विस्तार भी किया। इसके साथ ही उन्होंने कई नए उच्च शिक्षा के केंद्र खोले और लड़कियों को उच्च शिक्षा मिले, इसके लिए आर्थिक सहायता का भी प्रावधान किया। इसके तहत बालिकाओं को स्नातक तक नि:शुल्क शिक्षा देने का प्रावधान किया गया। आजमगढ़, सहारनपुर और अलीगढ़ में तीन नए राज्य विश्वविद्यालय खोला जाना सुनिश्चित किया गया। हर असेवित मंडल में एक राज्य विश्वविद्यालय की स्थापना का निर्णय लिया गया। 215 राज्य विश्वविद्यालयों में पं. दीनदयाल उपाध्याय शोध पीठों की स्थापना की बात तय हुई। पं. दीनदयाल उपाध्याय गोरखपुर विश्वविद्यालय में महायोगी श्री गोरक्षनाथ शोध पीठ की स्थापना की गई है। प्रो. राजेंद्र सिंह

(रज्जू भैया) के नाम पर पूर्वांचल विश्वविद्यालय जौनपुर में रिसर्च सेंटर की स्थापना हुई है। पूर्व प्रधानमंत्री अटल बिहारी वाजपेयी के नाम पर डी.ए.वी. कॉलेज, कानपुर में 'सेंटर ऑफ एक्सीलेंस' की स्थापना की गई। सरकार द्वारा 51 नए राजकीय महाविद्यालयों की स्थापना की गई। उत्तर प्रदेश निजी विश्वविद्यालय अधिनियम बनाया गया। इसके साथ ही सरकार ने 25 मॉडल राजकीय महाविद्यालयों की स्थापना की। इस तरह सरकार ने उच्च शिक्षा के क्षेत्र में कई नए प्रयोग किए। साथ ही शोध को बढ़ावा देने के लिए कई नए शोध केंद्रों की स्थापना की गई। सरकार की पूरी कोशिश है कि उत्तर प्रदेश को उच्च शिक्षा केंद्र बनाया जाए। दूसरे कार्यकाल में एक बार फिर योगी सरकार इस दिशा में गंभीरता से कार्य कर रही है।

खूब खेलो-खूब बढ़ो

पढ़ाई के साथ-साथ खेलों के क्षेत्र को भी सरकार ने बहुत गंभीरता से लिया और विगत कार्य काल में कई महत्त्वपूर्ण कार्य किए। इसी का नतीजा है कि आज उत्तर प्रदेश से हर खेल में कई प्रतिभावान खिलाड़ी उभरकर आए हैं। योगी सरकार ने प्रदेश की प्रतिभाओं के लिए बेहतर सुविधा के साथ-साथ उनको प्रोत्साहन देने के लिए कई योजनाएँ लागू कीं साथ ही योगी सरकार ने बेसिक सुविधाओं की तरफ भी ध्यान दिया। यही कारण है कि आज उत्तर प्रदेश के कई खिलाड़ी अलग-अलग खेलों में देश का नाम रोशन कर रहे हैं। सरकार द्वारा स्वामी विवेकानंद जयंती पर 6 से 8 जनवरी, 2021 तक लखनऊ में 'राष्ट्रीय युवा उत्सव' का आयोजन किया गया। वर्चुअल माध्यम से विभिन्न विधाओं में प्रथम 3 स्थान प्राप्त करने वाले

250 कलाकारों ने भाग लिया। इसके साथ ही खेलों को बढ़ावा देने के लिए सरकार ने 19 जनपदों में 16 खेलों के प्रशिक्षण के लिए 890 खिलाड़ियों के लिए 44 छात्रावासों का निर्माण कराया।

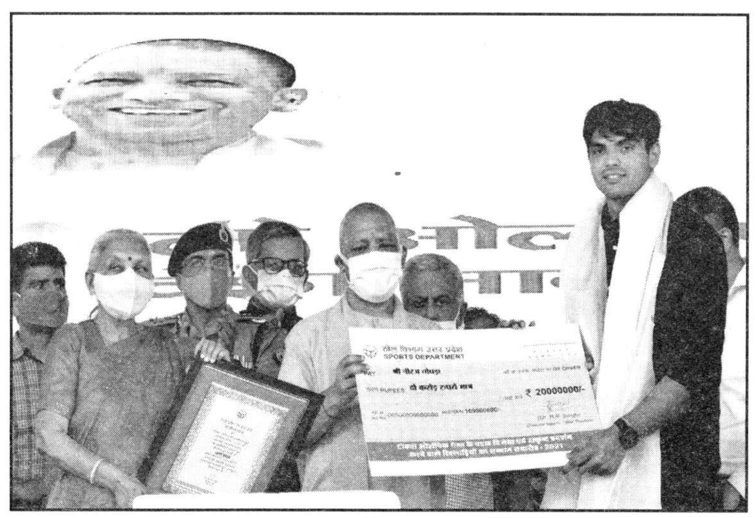

सरकार द्वारा प्रदेश के खिलाड़ियों को प्रोत्साहन देने के लिए 21वें कॉमनवेल्थ गेम्स में पदक जीतने वाले 18 खिलाड़ियों को पुरस्कारस्वरूप 2 करोड़ 60 लाख रुपए प्रदान किए गए। इसके साथ ही 18वें एशियन गेम्स में पदक विजेता 46 खिलाड़ियों को 3 करोड़ 90 लाख रुपए के पुरस्कार दिए गए। रियो ओलंपिक गेम्स में उत्कृष्ट प्रदर्शन करने वाली सुश्री पी.वी. सिंधु, साक्षी मलिक, दीपा करमाकर को 1-1 करोड़ रुपए प्रोत्साहन स्वरूप दिए गए। आई.सी.सी. महिला क्रिकेट वर्ल्ड कप-2017 लंदन में रजत पदक प्राप्त करने वाली भारतीय टीम की सदस्य सुश्री दीप्ति शर्मा एवं पूनम यादव को 8-8 लाख रुपए के नकद पुरस्कार प्रदान किए गए। सरकार द्वारा 'खूब खेलो-खूब बढ़ो' पखवाड़े में कुल 186 प्रतियोगिताओं का आयोजन किया गया। योगी सरकार ने खेल किट हेतु धनराशि 1000 रुपए से बढ़ाकर 2500 रुपए कर दी है। 'खेलो इंडिया योजना' के अंतर्गत प्रदेश के ग्रामीण क्षेत्रों में खेल अवस्थापना सुविधाओं का सृजन जो आरंभ हुआ, अभी भी किया

जा रहा है। पढ़ाई के साथ-साथ खेलों को लेकर भी योगी सरकार ने कई योजनाएँ लागू कीं। इन योजनाओं का लाभ प्रदेश के उभरते हुए खिलाड़ियों को भरपूर मिल रहा है। योगी सरकार खेलों में काफी निवेश कर रही है। इसी का नतीजा है कि उत्तर प्रदेश से आज अलग-अलग खेलों में कई खिलाड़ी निकले हैं।

खेलों को बढ़ावा देने के क्रम में ही मेरठ में खेल यूनिवर्सिटी की स्थापना की जा रही है। 24 जनवरी, 2021 को 'उत्तर प्रदेश दिवस' के अवसर पर सरकार द्वारा वर्ष 2019-20 हेतु 10 खिलाड़ियों को लक्ष्मण तथा 8 महिला खिलाड़ियों को रानी लक्ष्मीबाई पुरस्कार प्रदान किया गया। इसके साथ ही योगी सरकार द्वारा 18 खिलाड़ियों को 55 लाख 98 हजार रुपए की राशि प्रोत्साहन स्वरूप दी गई। इस तरह सरकार ने प्रदेश के खिलाड़ियों को प्रोत्साहन देने के लिए अनेक योजनाएँ लागू की हैं। इन योजनाओं का लाभ उठाकर प्रदेश के खिलाड़ी देश-विदेश में भारत का नाम रोशन कर रहे हैं।

बेसिक शिक्षा से लेकर स्कूलों का कायाकल्प

सरकार ने पूरे कार्यकाल के दौरान मूलभूत सुविधाओं की तरफ ध्यान दिया। उसी का नतीजा है कि उत्तर प्रदेश शिक्षा के क्षेत्र में हो या खेल के क्षेत्र में, लगातार प्रगति कर रहा है। सरकार द्वारा कक्षा 1 से 8 तक के सभी बच्चों को नि:शुल्क यूनिफॉर्म उपलब्ध कराने हेतु 40 करोड़ रुपए की व्यवस्था की। सभी बच्चों को जूते-मोजे एवं स्वेटर उपलब्ध कराए जाने हेतु 300 करोड़ रुपए की व्यवस्था की। कक्षा-1 से कक्षा-8 तक के छात्र-छात्राओं को स्कूल बैग उपलब्ध कराने के लिए 110 करोड़ रुपए का प्रावधान किया गया। 'मध्याह्न भोजन कार्यक्रम' हेतु 3406 करोड़ रुपए की व्यवस्था की गई। योगी सरकार ने समग्र शिक्षा अभियान हेतु 18,172 करोड़ रुपए की योजना लागू की। सैनिक स्कूल मैनपुरी, झाँसी एवं अमेठी के अवशेष कार्यों को पूर्ण कराने तथा जनपद गोरखपुर में एक नवीन सैनिक स्कूल का निर्माण कराने हेतु 90 करोड़ रुपए दिए गए।

उत्तर प्रदेश की योगी सरकार ने सहायता प्राप्त अशासकीय माध्यमिक विद्यालयों में अवस्थापना सुविधाओं के विकास हेतु 200 करोड़ रुपए का प्रावधान किया। सहायता प्राप्त अशासकीय माध्यमिक विद्यालयों, राजकीय संस्कृत विद्यालयों में अवस्थापना सुविधा, उत्तर प्रदेश संस्कृत शिक्षा निदेशालय के गठन तथा उत्तर प्रदेश माध्यमिक संस्कृत शिक्षा परिषद् के कार्यालय भवन के निर्माण हेतु 5 करोड़ रुपए आवंटित किए। कैप्टन मनोज कुमार पांडेय, सैनिक स्कूल, सरोजिनी नगर, बालिका कैडेट हेतु 150 की क्षमता के छात्रावास का निर्माण कराए जाने तथा एक हजार क्षमता के ऑडिटोरियम के निर्माण-कार्य हेतु 15 करोड़ रुपए का आवंटन किए। इसके साथ ही सरकार ने निर्माणाधीन राजकीय इंटर कॉलेजों के अवशेष कार्य पूर्ण कराए जाने हेतु 100 करोड़ रुपए आवंटित किए। इस फंड से प्रदेश में निर्माणाधीन इंटर कॉलेज में जो काम बचे थे, उसे जल्द-से-जल्द पूरा किया गया। साथ ही पुरानी इमारतों की मरम्मत भी की गई।

सरकार द्वारा निर्णय लिया गया कि प्रत्येक मंडल में एक राज्य विश्वविद्यालय की स्थापना की जाएगी। इससे युवाओं को उच्च शिक्षा का अवसर अपने जिले में ही मिल जाएगा। इसका सबसे ज्यादा फायदा बालिकाओं को होगा। इसके साथ सरकार ने राजकीय महाविद्यालयों के भवन निर्माण-कार्य हेतु 200 करोड़ रुपए की व्यवस्था की। राजकीय औद्योगिक प्रशिक्षण संस्थानों में अनुसूचित जाति-जनजाति के अभ्यर्थियों के लिए निःशुल्क प्रशिक्षण की व्यवस्था की गई। इस तरह देखें तो उत्तर प्रदेश की योगी सरकार ने पिछले पाँच वर्षों में युवाओं के लिए ऐसे अवसर पैदा किए हैं, जिनके जरिए वे अपने सपनों को पूरा कर सकें।

□

योगी रामराज्य में नागरिक सुरक्षा

काटेहिं पइ कदरी फरइ कोटि जतन कोउ सींच।
बिनय न मान खगेस सुनु डाटेहिं पइ नव नीच॥

चाहे कोई करोड़ों उपाय करके सींचे, पर केला तो काटने पर ही फलता है। नीच विनय से नहीं मानता, वह डाँटने पर ही रास्ते पर आता है। योगी सरकार ने भी इसी नीति पर चलते हुए उत्तर प्रदेश में कानून का राज कायम किया। जहाँ सख्ती की जरूरत थी, वहाँ सख्ती से काम लिया, तभी उत्तर प्रदेश में आज कानून राज कायम हो सका है।

उत्तर प्रदेश की छवि पहले आपराधिक प्रदेश के रूप में ख्यात थी। राजनीति से लेकर सामाजिक जीवन तक में आपराधिक प्रवृत्ति के लोगों और बाहुबलियों का बोलबाला था। पिछली सरकारों में उत्तर प्रदेश अपराधियों के लिए सुरक्षित ठिकाना था। इनको सुरक्षा और संरक्षण देने का काम सपा और बसपा जैसी राजनीतिक पार्टियाँ करती थीं। योगी सरकार ने उत्तर प्रदेश की सत्ता सँभालते ही अपराध और अपराधियों से मुक्त प्रदेश बनाने का संकल्प लिया। इसी संकल्प का नतीजा रहा कि अपराधी उत्तर प्रदेश छोड़कर भागने लगे। जमानत पर बाहर घूम रहे अपराधियों ने वापस जेल जाना ही बेहतर समझा। यह सब तब हुआ, जब प्रदेश में योगी सरकार आई और कानून का राज कायम हुआ। उत्तर प्रदेश की लचर कानून व्यवस्था को योगी सरकार ने प्राथमिकता में रखते हुए दुरुस्त किया। उसी का नतीजा है कि मुख्तार अंसारी जैसे अपराधियों को उत्तर प्रदेश छोड़कर पंजाब में शरण लेनी पड़ी, वहीं

विकास दुबे जैसे अपराधियों का जो अंजाम हुआ, वह देश की जनता ने देखा।

योगी सरकार के लिए नागरिक सुरक्षा सबसे महत्त्वपूर्ण है। आज उत्तर प्रदेश में कानून का राज कायम है। उसी कानून के तहत मुख्तार अंसारी जैसे बाहुबलियों को पंजाब से लाकर उत्तर प्रदेश की जेल में डाला गया। उत्तर प्रदेश में अपराधियों की अवैध संपत्ति को सरकार ने जब्त कर लिया। उत्तर प्रदेश के कई दुर्दांत अपराधी पुलिस के साथ मुठभेड़ में मारे गए। पूरे उत्तर प्रदेश में आज कानून का राज कायम है। कानून का उल्लंघन करने वाले अपराधियों को कानून सम्मत सजा मिलने लगी, जबकि पहले की सरकारों में अपराधियों को राजनीतिक टिकट दिया जाता था। मुख्तार अंसारी उसका जीता-जागता उदाहरण है। कैसे उसे सपा से लेकर बसपा तक ने टिकट देकर राजनीतिक संरक्षण दिया। आज जब उत्तर प्रदेश में कानून का राज कायम है तो अंसारी जैसे अपराधी जेल की सलाखों के पीछे हैं। योगी सरकार की यही प्राथमिकता है—उत्तर प्रदेश को अपराधमुक्त करना। योगी सरकार ने उत्तर प्रदेश को काफी हद तक अपराधमुक्त किया है।

सुरक्षित समाज के लिए प्रतिबद्ध

योगी आदित्यनाथ के चार साल के कार्यकाल का आकलन किया जाए तो यह अपराध और अपराधियों के विरुद्ध जीरो टॉलरेंस की नीति पर आधारित रहा। आँकड़े भी इस बात को पुख्ता करते हैं। अगर तुलनात्मक तरीके से आँकड़ों पर नजर दौड़ाएँ तो वर्ष 2016 की तुलना में वर्ष 2020 में डकैती के मामलों में 67.69 प्रतिशत, लूट में 66 प्रतिशत, हत्या में 25.70 प्रतिशत, बलवा में 29.75 प्रतिशत, रोड होल्डअप में 100 प्रतिशत, फिरौती-अपहरण में 41.51 प्रतिशत, दहेज मृत्यु में 9.18 प्रतिशत और बलात्कार के मामलों में 32.24 प्रतिशत की कमी आई। इस बीच 150 से अधिक अपराधी मुठभेड़ में मारे गए, 2.800 से अधिक अपराधी घायल हुए। साथ ही पुलिस के 13 जवान शहीद हुए तथा 1031 पुलिसकर्मी घायल हुए। गैंगस्टर एक्ट में 36,990 अभियुक्त गिरफ्तार एवं 523 अभियुक्त रासुका में निरुद्ध किए

गए। इन वर्षों में 10 हजार से अधिक इनामी अपराधियों की गिरफ्तारी हुई। लॉकडाउन अवधि में दूसरे प्रदेशों से अपने प्रदेश में श्रमिकों के आगमन के दौरान कानून–व्यवस्था की कोई समस्या नहीं आई। सरकार ने बहुत ही अच्छे तरीके से उस दौर में कानून व्यवस्था को बनाए रखा।

इस बीच योगी सरकार द्वारा कुख्यात माफिया–अपराधियों द्वारा अर्जित 1000 करोड़ रुपए से अधिक की अवैध संपत्तियों का ध्वस्तीकरण/ जब्तीकरण किया। सी.ए.ए. के विरोध प्रदर्शन में सरकारी संपत्तियों को क्षति पहुँचाने वाले व्यक्तियों से राजकीय संपत्ति की क्षतिपूर्ति वसूली का ऐतिहासिक निर्णय लिया गया। जबरन धर्म परिवर्तन की घटनाओं पर रोक लगाने के लिए उत्तर प्रदेश विधि विरुद्ध धर्म संपरिवर्तन प्रतिषेध विधेयक को मंजूरी दी गई। आज वह कानून का रूप ले चुका है। महिलाओं एवं बालिकाओं की सुरक्षा को सुदृढ़ करने के लिए 'सेफ सिटी परियोजना' लागू की गई। महिलाओं एवं बालिकाओं के साथ छेड़छाड़ की घटनाओं पर अंकुश लगाने हेतु 'एंटी रोमियो स्क्वॉयड' का गठन किया गया। स्क्वॉयड

द्वारा पाँच वर्षों में 98 लाख 55 हजार 867 व्यक्तियों की चेकिंग करते हुए 9,948 अभियोग पंजीकृत कर 14 हजार 958 व्यक्तियों के विरुद्ध वैधानिक काररवाई तथा 41 लाख 21 हजार 745 व्यक्तियों को चेतावनी दी गई। प्रदेश के सभी 1535 थानों में 'महिला हेल्प डेस्क' स्थापित किए गए। महिलाओं को त्वरित न्याय दिलाने के लिए पृथक् 81 मजिस्ट्रेट स्तरीय न्यायालय एवं 81 अपर सत्र न्यायालय क्रियाशील हुए। पॉक्सो एक्ट में त्वरित न्याय दिलाने के लिए 218 नए फास्ट ट्रैक कोर्ट गठित किए गए। उत्तर प्रदेश की कानून-व्यवस्था हमेशा कठघरे में रही, पुलिस की कार्यप्रणाली को संदिग्ध रूप से देखा गया, माना जाता था कि प्रदेश में पुलिस का नहीं माफिया का राज है, योगी सरकार ने इस माफिया राज को खत्म करते हुए कानून का राज कायम किया। साथ ही पुलिस व्यवस्था में भी कई महत्त्वपूर्ण सुधार किए, उनमें से कुछ निम्नलिखित हैं—

सरकार द्वारा बेहतर पुलिसिंग के लिए लखनऊ एवं नोएडा में पुलिस कमिश्नर प्रणाली लागू की गई। पहली पुलिस फॉरेंसिक यूनिवर्सिटी की स्थापना के लिए बजटीय व्यवस्था की गई। पुलिस अधीक्षक कार्यालयों में भी एफ.आई.आर. काउंटर की स्थापना की। महिलाओं की सुरक्षा हेतु 'वुमन पावर लाइन-1090' का संचालन आरंभ हुआ। 'यूपी-112' नंबर का रिस्पॉन्स टाइम 10-40 मिनट से नीचे लाया जा सका। शुरुआती चार साल में यूपी-112 से 6 लाख 46 हजार से अधिक जरूरतमंदों की मदद की गई। सवेरा कार्यक्रम में 7 लाख 33 हजार 770 बुजुर्ग पंजीकृत हुए। सरकार द्वारा महिला एवं बाल सुरक्षा संगठन की स्थापना की गई है। 'राज्य आपदा मोचन बल' का गठन किया गया। अभी इसमें तीन कंपनियाँ क्रियाशील हैं।

सरकार द्वारा उच्च न्यायालय, जनपदीय न्यायालय, मेट्रो स्टेशन तथा महत्त्वपूर्ण प्रतिष्ठानों की सुरक्षा के लिए 'उत्तर प्रदेश स्पेशल सिक्योरिटी फोर्स' का गठन किया गया। 1 लाख 37 हजार से अधिक पुलिसकर्मियों की भरती तथा 32 हजार 861 अराजपत्रित पुलिसकर्मियों की पदोन्नति की गई। आतंकी गतिविधियों पर अंकुश लगाने के लिए स्पॉट (स्पेशल पुलिस

ऑपरेशन टीम) का गठन किया गया। सेंट्रलाइज्ड ऑनलाइन क्रिमिनल डाटा बेस के लिए 'त्रिनेत्र' एप लॉन्च किया गया। मोबाइल कम्युनिकेशन प्लान सृजित किया गया। प्रत्येक जनपद में साइबर सेल का गठन किया गया। कार्यकाल के आखीर तक 18 विधि विज्ञान प्रयोगशालाओं के निर्माण का कार्य प्रगति पर था। लखनऊ, वाराणसी, आगरा एवं मुरादाबाद में क्षेत्रीय विधि विज्ञान प्रयोगशाला के भवन निर्मित तथा यूनिट क्रियाशील हैं।

सरकार ने विभिन्न प्रकार के 213 नए थानों की स्थापना की है।

क्रम	इकाई	संख्या
1	विद्युत् थाने	75
2	महिला थाने	05
3	सतर्कता अधिष्ठान थाने	10
4	आर्थिक अपराध इकाई पुलिस थाने	04
5	घोषणा से आच्छादित थाने	36
6	अन्य स्थापित नवीन थाने	27
7	एंटी ह्यूमन ट्रैफिकिंग यूनिट को पुलिस थाने का दर्जा	40

इसके साथ ही जनपद गौतमबुद्धनगर व लखनऊ में साइबर थाने क्रियाशील हैं। इसके साथ ही 16 अन्य परिक्षेत्रीय मुख्यालयों—बरेली, मुरादाबाद, सहारनपुर, आगरा, अलीगढ़, कानपुर, झाँसी, प्रयागराज, चित्रकूट, गोरखपुर, देवीपाटन, बस्ती, वाराणसी, आजमगढ़, मिर्जापुर व अयोध्या में साइबर क्राइम पुलिस थानों की स्थापना की जा रही है।

कानून-व्यवस्था के साथ-साथ सरकार ने न्याय और न्यायालयों की तरफ भी विशेष ध्यान दिया है। सबको न्याय मिले, यह सुनिश्चित करने के साथ-साथ न्यायिक प्रक्रिया सुगम हो, इस दिशा में भी सरकार ने कार्य किया। सरकार द्वारा प्रयागराज में 'राष्ट्रीय विधि विश्वविद्यालय' की स्थापना का

निर्णय लिया गया। जनपदों में न्यायालयों के भवन निर्माण हेतु 450 करोड़ रुपए का अलग से बजट घोषित किया गया। माननीय न्यायमूर्तिगण के लिए आवासीय भवनों के निर्माण हेतु 100 करोड़ रुपए निश्चित किए गए। माननीय उच्च न्यायालय, इलाहाबाद की लखनऊ खंडपीठ के लिए नए भवनों के निर्माण-कार्य हेतु 150 करोड़ रुपए तथा इलाहाबाद पीठ के भवन निर्माण हेतु 450 करोड़ रुपए का प्रावधान किया गया। 'अधिवक्ता कल्याण निधि' हेतु न्यासी समिति को अंतरण के लिए 20 करोड़ रुपए आवंटित किए गए।

इस तरह से उत्तर प्रदेश की योगी सरकार ने अपने नागरिकों के सर्वांगीण विकास के लिए कई कदम उठाए हैं। इनका फायदा प्रदेश के सभी धर्म, जाति, आयु के नागरिकों को समान रूप से मिल रहा है। योगी सरकार की इस दूरदर्शिता के कारण ही आज उत्तर प्रदेश 'उत्तम प्रदेश' बनने की राह पर अग्रसर है।

□

योगी रामराज्य में आधारभूत संरचना का विकास

मणि–माणिक महँगे किए, सहजे तृण, जल, नाज।
तुलसी सोइ जानिए राम गरीब नवाज॥

रामराज्य में मणि–माणिक अर्थात् विलासिता की वस्तुएँ तो महँगी हुईं, लेकिन प्रजा के जीवन से जुड़ी चीजें, जैसे पशुओं का चारा, जल और अनाज सस्ता हुआ, इसलिए श्रीराम गरीबों के पालनहार कहलाए। योगी के राज को भी देखें तो उन्होंने गरीबों के लिए नि:शुल्क अनाज से लेकर कई कल्याणकारी योजनाएँ चलाईं। जनता का हित योगी सरकार के लिए सर्वोपरि रहा।

उत्तर प्रदेश की योगी सरकार ने इन पाँच वर्षों में आधारभूत संरचना के विकास की दिशा में कई काम किए। खासकर कानून व्यवस्था से लेकर प्रदेश के भीतर और बाहर से बेहतर कनेक्टिविटी को प्राथमिकता में रखा गया। सरकार ने कई सारे हाइवे प्रोजेक्ट को इन पाँच वर्षों में पूरा किया। इसके साथ पूरे प्रदेश में सड़कों का जाल बिछाया। मेट्रो रेल के द्वारा प्रदेश के भीतर की कनेक्टिविटी को बेहतर किया। इसके साथ नए एयरपोर्ट भी बनाने का निर्णय योगी सरकार ने लिया। योगी सरकार ने प्रदेश के जर्जर आधारभूत स्ट्रक्चर को नया रूप देकर खड़ा किया। उसी का नतीजा है कि आज प्रदेश में कई उद्योगपति निवेश कर रहे हैं, साथ ही प्रदेश की जनता को आज वे सब सुख–सुविधाएँ मिल रही हैं, जिनके लिए पहले वे महानगरों की तरफ पलायन करते

थे। योगी सरकार द्वारा किए गए कार्यों की प्रशंसा प्रधानमंत्री नरेंद्र मोदी ने भी की कि उत्तर प्रदेश में जिस प्रकार आज आधुनिक इंफ्रास्ट्रक्चर पर काम चल रहा है, उससे राज्य में उद्योग लगाने के लिए देश और दुनिया के निवेशक उत्साहित हैं।

एक्सप्रेस-वे परियोजना

योगी सरकार द्वारा प्रदेश के पूर्वी क्षेत्र को पूरे देश से जोड़कर विकास के मार्ग को प्रशस्त करने के लिए लगभग 341 कि.मी. लंबे और 6 लेन चौड़े पूर्वांचल एक्सप्रेस-वे का निर्माण किया गया। इस एक्सप्रेस-वे पर प्रवेश-निकासी हेतु 11 इंटरचेंज बनाए गए। लड़ाकू विमानों की लैंडिंग-टेकऑफ हेतु जनपद सुल्तानपुर में 3.2 कि.मी. लंबाई की हवाई पट्टी का निर्माण किया गया। इसके साथ ही योगी सरकार द्वारा पूर्वांचल एक्सप्रेस-वे को गोरखपुर से जोड़ने के लिए लगभग 92 कि.मी. लंबे गोरखपुर लिंक एक्सप्रेस-वे का निर्माण-कार्य जो पिछले कार्यकाल में तकरीबन पूरा हो चला था अब पूर्ण होने की राह पर और प्रगति पर है। इसके साथ ही 14 हजार करोड़ रुपए की लागत के लगभग 297 कि.मी. लंबे बुंदेलखंड

एक्सप्रेस-वे का निर्माण किया का जो कार्य आरंभ किया गया था दूसरे कार्यकाल में जारी है। इससे जल्द ही बुंदेलखंड क्षेत्र आगरा-लखनऊ एक्सप्रेस-वे के माध्यम से दिल्ली से जुड़ जाएगा। परियोजना के अंतर्गत जनपद मेरठ से प्रयागराज तक 594 कि.मी. गंगा एक्सप्रेस-वे के निर्माण हेतु प्रक्रिया प्रारंभ की गई। इस तरह बेसिक इंफ्रास्ट्रक्चर पर योगी सरकार ने बहुत काम किया। उसी काम का परिणाम आज दिखाई भी दे रहा है। आज उत्तर प्रदेश का कमोबेश हर कस्बा हाइवे से जुड़ा है। इस बात को 30 नवंबर, 2020 को प्रधानमंत्री नरेंद्र मोदी ने भी रेखांकित किया कि आज उत्तर प्रदेश की पहचान एक्सप्रेस प्रदेश के रूप में सशक्त हो रही है। फिलवक्त यू.पी. में कनेक्टिविटी के हजारों करोड़ के 5 मेगा प्रोजेक्ट्स पर एक साथ काम चल रहा है। आज पूर्वांचल हो, बुंदेलखंड हो, पश्चिमी उत्तर प्रदेश हो, हर कोने को एक्सप्रेस-वे से जोड़ा जा रहा है। इनमें से अधिकांश की शुरुआत योगी सरकार के पहले कार्यकाल के दौरान हुई थी।

सड़कों का जाल

उत्तर प्रदेश जैसे विशाल राज्य को परिवहन की दृष्टि से राजमार्ग और बड़े शहरों से जोड़ना आसान कार्य नहीं है। योगी सरकार ने विकास

के पथ पर अग्रसर होते हुए जो कार्य तीव्र गति से किया, वह था, गाँव की सड़कों को राजमार्गों से जोड़ना और हर गाँवों तक सड़क पहुँचे, यह सुनिश्चित करना। आज उत्तर प्रदेश में सड़कों का जाल बिछा है। सरकार द्वारा 3,32,804 कि.मी. सड़कों को गड्ढामुक्त किया जा चुका है। इस बीच योगी सरकार ने 13,613 कि.मी. सड़कों का चौड़ीकरण एवं सुदृढ़ीकरण किया। इसके साथ 13,189 कि.मी. नई सड़कों का निर्माण किया गया और अब तहसील मुख्यालयों व विकास खंडों को 2 लेन मार्ग से जोड़ने का कार्य प्रगति पर है। मेधावी छात्रों के निवास-स्थलों तक 133 सड़कों का निर्माण-मरम्मत कर 'डॉ. ए.पी.जे. अब्दुल कलाम गौरव पथ' के रूप में विकास किया गया।

इसके साथ ही सरकार ने 102 दीर्घ सेतु, 41 रेल उपरिगामी सेतु एवं 264 लघु सेतुओं का निर्माण भी कराया। इस बीच 41 रेल उपरिगामी सेतुओं का अप्रोच मार्ग पूर्ण किया गया तो प्रथम कार्यकाल की पूर्णता के समय 91 रेल उपरिगामी सेतुओं का निर्माण-कार्य के साथ ही 2629 लघु सेतुओं का निर्माण-कार्य प्रगति पर था, जिसमें से 264 लघु सेतुओं का अप्रोच मार्ग पर काम पूरा हो चुका था।

हवाई उड़ान

सरकार द्वारा सड़क ही नहीं बल्कि हवाई मार्ग को भी सुगम बनाने के लिए कई प्रोजेक्ट लॉन्च किए गए। सरकार ने अयोध्या में अंतरराष्ट्रीय एयरपोर्ट हेतु 500 करोड़ रुपए का प्रावधान किया। ग्रेटर नोएडा में 1381 हेक्टेयर में अंतरराष्ट्रीय ग्रीन फील्ड एयरपोर्ट के लिए भूमि अधिगृहीत करने के काम बहुत तेजी से हुआ। कुशीनगर अंतरराष्ट्रीय हवाई अड्डा उड़ान के लिए तैयार हो गया। वर्ष 2017 तक केवल चार एयरपोर्ट लखनऊ, वाराणसी, गोरखपुर व आगरा थे। योगी सरकार के प्रथम कार्यकाल में प्रयागराज, कानपुर, हिंडन एवं बरेली हवाई अड्डे संचालित किए गए। इसके साथ ही 13 अन्य एयरपोर्ट एवं 1 हवाई पट्टी का विकास कार्य

बहुत तीव्र गति से चला जिसके कारण अब इस बार अलीगढ़, आजमगढ़, श्रावस्ती, मुरादाबाद, चित्रकूट एवं म्योरपुर (सोनभद्र) एयरपोर्ट शीघ्र पूर्ण होने के संकेत हैं। दूसरे कार्यकाल में इस तरफ तत्परता को देखते हुए लगता है कि आगामी वर्षों में 21 एयरपोर्ट संचालित होंगे। इस तरह सड़क के साथ ही हवाई मार्ग को लेकर भी योगी सरकार ने बेहतर काम किया है।

उत्तर प्रदेश परिवहन सेवा में अब मेट्रो सेवा बहुत अहम हो गई है। योगी सरकार ने प्रदेश के महत्त्वपूर्ण शहरों में मेट्रो सेवा आरंभ की। लखनऊ, गाजियाबाद, नोएडा एवं ग्रेटर नोएडा में मेट्रो संचालन किया गया। इसके साथ ही 3,380 करोड़ रुपए की लागत से आगरा में मेट्रो निर्माण-कार्य शुरू हो गया। नोएडा, गाजियाबाद और लखनऊ के बाद अब मेरठ को भी मेट्रो की सौगात मिलने की संभावना बनी। योगी सरकार द्वारा गोरखपुर, वाराणसी, प्रयागराज और झाँसी में जल्द ही लाइट मेट्रो शुरू होगी, इसके आसार बने। लखनऊ में अगले चरण में चारबाग से बसंत कुंज तक कुल 11.165 कि.मी. मेट्रो मार्ग निर्माण के लिए दूसरे चरण के कार्य को प्रगति पर छोड़ते हुए प्रथम कार्यकाल पूरा किया था। दूसरे कार्यकाल से पूर्व 11076 करोड़ की लागत से कानपुर मेट्रो रेल परियोजना के 32.4 कि.मी. लंबे कॉरिडोर का निर्माण-कार्य प्रारंभ हो चुका था।

सड़क परिवहन को लेकर भी योगी सरकार ने कई नए मार्ग प्रशस्त किए। जल मार्ग को लेकर भी सरकार ने नई संभावनाएँ तलाशीं। इसी के तहत वाराणसी से हल्दिया तक 1500 कि.मी. राष्ट्रीय जलमार्ग क्रियाशील हो गया। निर्भया फंड योजना के तहत महिला यात्रियों की सुरक्षा के दृष्टिगत सभी बसों में पैनिक बटन एवं सी.सी.टी.वी. कैमरों की व्यवस्था करने वाला उत्तर प्रदेश पहला राज्य बना। इस बीच 19 हजार 494 असेवित गाँव परिवहन सुविधा से जुड़े। ग्रामीण क्षेत्रों के लिए संकल्प बस सेवा का संचालन किया गया। नेपाल हेतु अंतरराष्ट्रीय बस सेवा का संचालन किया गया। इ-पेमेंट से जुरमाना भुगतान के लिए इ-चालान व्यवस्था करने वाला उत्तर प्रदेश देश का पहला राज्य बना।

सरकार द्वारा नागरिकों के जीवन में सुधार लाने के लिए कई प्रयास किए गए। इन प्रयासों में शहरी और ग्रामीण दोनों स्तरों पर नागरिकों को बेहतर सुविधाएँ प्रदान की गई, साथ ही स्वच्छ भारत अभियान जैसे मिशन के जरिए प्रदेश भर में हरियाली फैलाने और गंदगी व खुले में शौच से मुक्त बनाने का प्रयास किया गया। प्रधानमंत्री आवास योजना (शहरी) के अंतर्गत अब तक 17 लाख 2 हजार 987 आवासों के निर्माण की स्वीकृति दी गई। पी.एम. स्वनिधि योजना में 8 लाख 32 हजार स्ट्रीट वेंडर्स को व्यवसाय हेतु प्रति व्यक्ति 10,000 रुपए ऋण अवमुक्त किया गया। इस योजना के क्रियान्वयन में उत्तर प्रदेश देश में प्रथम स्थान पर पहुँच गया। 'हाउसिंग फॉर ऑल' की लक्ष्य पूर्ति हेतु लाइट हाउस प्रोजेक्ट के अंतर्गत लखनऊ में 131 करोड़ रुपए की लागत से 1040 टिकाऊ और किफायती आवासों का निर्माण शुरू हुआ जो अब भी जारी है।

सरकार द्वारा प्रदेश के 75 जनपदों को खुले में शौच मुक्त (ओ.डी. एफ.) घोषित किया गया। इसके साथ ही 28 लाख 87 हजार 906 व्यक्तिगत घरेलू शौचालय निर्मित किए गए। सरकार ने 652 नगर निकाय खुले में शौचमुक्त (ओ.डी.एफ.) घोषित किए। नगरों में 62 हजार 818 सामुदायिक एवं 2665 पिंक शौचालयों (केवल महिलाओं/बालिकाओं के लिए) का निर्माण कराया गया। नगर निकायों में 12,007 वार्डों में से 11,872 वार्डों में डोर-टू-डोर कूड़ा कलेक्शन का कार्य आरंभ किया गया। लखनऊ, कानपुर, प्रयागराज, वाराणसी, आगरा, सहारनपुर, बरेली, झाँसी, मुरादाबाद, अलीगढ़ में 20 हजार करोड़ की परियोजनाओं का क्रियान्वयन किया गया। इस योजना में प्रदेश के 60 शहर सम्मिलित हैं। इसके साथ-साथ राज्य सरकार के वित्तपोषण से 7 नगरों को स्मार्ट सिटी बनाने का निर्णय लिया गया।

प्रथम कार्यकाल के समाप्ति पूर्व उत्तर प्रदेश की योगी सरकार द्वारा संचालित विभिन्न योजनाओं में 16 परियोजनाएँ पूर्ण, 22 परियोजनाएँ निर्माणाधीन तथा 6 परियोजनाएँ निविदा की प्रक्रिया में थीं। कानपुर के

सीसामऊ नाले में 140 एम.एल.डी. सीवेज को टैप कर 80 एम.एल.डी., बिनगवाँ एस.टी.पी. में पहुँचाना और जलमल शोधन के साथ 60 एम.एल. डी. जाजमऊ एस.टी.पी. में भी जलमल शोधन का काम शुरू हुआ। साथ ही 140 एम.एल.डी. दीनापुर, वाराणसी में एस.टी.पी. संचालित कर दिया गया। इससे विद्युत् उत्पादन प्रारंभ हो गया। इस बीच बिजनौर से बलिया तक 155 नालों का शोधन कार्य शुरू हुआ।

सरकार ने औद्योगिक विकास को गति देने के लिए तथा प्रदेश को अन्य राज्यों से व राजमार्गों से जोड़ने के लिए कई हाइवे बनाए। इससे प्रदेश में औद्योगिक विकास को गति मिली। योगी सरकार की सबसे महत्त्वाकांक्षी योजना 'पूर्वांचल एक्सप्रेस-वे परियोजना' हेतु 1107 करोड़ रुपए का प्रावधान किया गया। पूर्व कार्यकाल की समाप्ति तक यह हाइवे बनकर तैयार हो गया। बुंदेलखंड एक्सप्रेस-वे परियोजना के लिए 1492 करोड़ रुपए आवंटित किए गए। सरकार द्वारा गोरखपुर लिंक एक्सप्रेस-वे परियोजना हेतु 860 करोड़ रुपए का प्रावधान किया गया। गंगा एक्सप्रेस-वे परियोजना के लिए भूमिग्रहण हेतु 7200 करोड़ रुपए तथा निर्माण-कार्य हेतु 489 करोड़ रुपए सरकार द्वारा आवंटित किए गए।

सरकार द्वारा सड़कों और सेतुओं के निर्माण हेतु 12,441 करोड़ रुपए की योजनाओं का प्रावधान किया गया। सड़कों और सेतुओं के अनुरक्षण हेतु 4,135 करोड़ रुपए दिए गए। योगी सरकार द्वारा ग्रामों एवं बसावटों को पक्के संपर्क मार्गों से जोड़ने हेतु 695 करोड़ रुपए का बजट स्वीकृत किया गया। उत्तर प्रदेश कोर रोड नेटवर्क परियोजना में मार्ग निर्माण हेतु 440 करोड़ रुपए तथा उत्तर प्रदेश मुख्य जिला विकास परियोजना में मार्ग निर्माण हेतु 208 करोड़ रुपए का प्रावधान किया गया। इसके साथ ही सरकार द्वारा रेलवे उपरिगामी सेतुओं के निर्माण हेतु 1,192 करोड़ रुपए दिए गए। पूर्वांचल की विशेष योजनाओं के लिए 300 करोड़ रुपए का प्रावधान किया गया। इसके साथ ही सरकार द्वारा बुंदेलखंड क्षेत्र की विशेष योजनाओं हेतु 210 करोड़ रुपए आवंटित किए गए। इस तरह योगी सरकार

ने प्रदेश में सड़कों का जाल बिछाया, साथ ही अंदर की सड़कों को मुख्य हाइवे से जोड़ने का काम भी किया।

सरकार द्वारा सड़क से लेकर हवाई मार्ग तक को सुगम बनाने के लिए कई योजनाएँ लागू की गई। योगी सरकार द्वारा मर्यादा पुरुषोत्तम श्रीराम हवाई अड्डा अयोध्या के लिए 101 करोड़ रुपए का प्रावधान किया गया। इसके साथ ही जेवर एयरपोर्ट में हवाई पिट्टयों की संख्या 2 से बढ़ाकर 6 करने का निर्णय लिया गया। इस परियोजना हेतु 2000 करोड़ रुपए का बजट मंजूर किया गया। सरकार द्वारा 'दीनदयाल उपाध्याय ग्राम ज्योति योजना' (नवीन) में 100 सांसद आदर्श ग्रामों के विद्युतीकरण का शत-प्रतिशत लक्ष्य पूर्ण किया गया, साथ ही प्रथम कार्यकाल की पूर्णता के समय 8262 मेगावाट उत्पादन क्षमता वृद्धि की विभिन्न परियोजनाएँ पूरा होने के कगार पर थीं।

उत्तर प्रदेश की योगी सरकार का लक्ष्य है कि प्रदेश के सभी नागरिकों को आवास मिले। इस सपने को साकार करने के लिए प्रधानमंत्री आवास योजना (शहरी) के घटक अफोर्डेबल हाउसिंग इन पार्टनरशिप के अंतर्गत 4 लाख भवनों के निर्माण का लक्ष्य रखा गया। अयोध्या स्थित सूर्यकुंड के विकास सहित अयोध्या नगरी के सर्वांगीण विकास की योजना हेतु 140 करोड़ रुपए का बजट अलॉट किया गया। सरकार द्वारा लखनऊ में राष्ट्रीय प्रेरणा स्थल के निर्माण हेतु 50 करोड़ रुपए का प्रावधान किया गया। कानपुर मेट्रो रेल परियोजना हेतु 597 करोड़ रुपए का प्रावधान किया गया। इसके साथ ही आगरा मेट्रो रेल परियोजना हेतु 478 करोड़ रुपए की राशि स्वीकृत की गई। दिल्ली-गाजियाबाद-मेरठ आर.आर.टी.एस. कोरिडॉर के निर्माण हेतु 1326 करोड़ रुपए का प्रावधान किया गया। वाराणसी-गोरखपुर व अन्य शहरों में मेट्रो रेल परियोजना हेतु 100 करोड़ रुपए दिए गए। प्रधानमंत्री आवास योजना (शहरी) के अंतर्गत 10029 करोड़ रुपए स्वीकृत किए गए। 'अमृत कार्यक्रम योजना' हेतु 2200 करोड़ रुपए दिए गए। लखनऊ, कानपुर, प्रयागराज, वाराणसी, आगरा, सहारनपुर, बरेली, झाँसी, मुरादाबाद,

अलीगढ़ स्मार्ट सिटी योजना हेतु 2,000 करोड़ रुपए का बजट स्वीकृत किया गया। वाराणसी, मेरठ, गाजियाबाद, अयोध्या, फिरोजाबाद, गोरखपुर, मथुरा–वृंदावन एवं शाहजहाँपुर नगर निगमों को राज्य स्मार्ट सिटी योजना के तहत स्मार्ट एवं सेफ सिटी के रूप में 175 करोड़ रुपए से विकसित करने का निर्णय लिया गया। 'कान्हा गौशाला एवं बेसहारा पशु आश्रय योजना' हेतु 80 करोड़ रुपए आवंटित किए गए। शहीदों की स्मृति में पार्क–प्रदर्शनी स्थल–सभागार के निर्माण हेतु 15 करोड़ रुपए दिए गए। प्रधानमंत्री आवास योजना (ग्रामीण) के अंतर्गत 7000 करोड़ रुपए का प्रावधान किया गया। मुख्यमंत्री आवास योजना (ग्रामीण) के अंतर्गत 369 करोड़ रुपए का बजट घोषित हुआ। राष्ट्रीय ग्रामीण रोजगार गारंटी योजना के अंतर्गत 35 करोड़ मानव दिवसों के सृजन के लिए 5548 करोड़ रुपए का प्रावधान किया गया। प्रधानमंत्री ग्राम सड़क योजना–3 के बैच–1 के अंतर्गत 5000 करोड़ रुपए आवंटित किए गए।

अपने पहले कार्यकाल के दौरान पंचायती राज व्यवस्था को सुदृढ़ करने के लिए योगी सरकार लगातार प्रयासरत रही। इस बीच योगी सरकार द्वारा प्रत्येक न्याय पंचायत में 2 चंद्रशेखर आजाद ग्रामीण विकास सचिवालय की स्थापना के लिए 10 करोड़ रुपए का बजट अलॉट किया गया। 'मुख्यमंत्री पंचायत प्रोत्साहन योजना' में उत्कृष्ट ग्राम पंचायतों हेतु 25 करोड़ रुपए की व्यवस्था की गई। ग्राम पंचायतों में बहुद्द्देशीय पंचायत भवनों के निर्माण हेतु 20 करोड़ रुपए का प्रावधान किया गया। 'राष्ट्रीय ग्राम स्वराज अभियान' योजना में पंचायतों के क्षमता संवर्धन, प्रशिक्षण एवं पंचायतों में संरचनात्मक ढाँचे के निर्माण हेतु 653 करोड़ रुपए स्वीकृत किए गए। इ–गवर्नेंस हेतु डॉ. राम मनोहर लोहिया पंचायत सशक्तीकरण योजना के लिए 4 करोड़ रुपए का प्रावधान योगी सरकार द्वारा किया गया। इसके साथ ही 23 प्रमुख बस स्टेशनों को पी.पी.पी. पद्धति पर विकसित करने का निर्णय लिया गया। इस तरह से योगी सरकार ने प्रदेश के आधारभूत ढाँचे में आमूलचूल परिवर्तन किया। योगी सरकार ने 'सबका साथ, सबका विकास और सबका विश्वास'

के इरादे से काम करते हुए बीमारू प्रदेश की छवि रखने वाले उत्तर प्रदेश को आज 'उत्तम प्रदेश' बना दिया। योगी सरकार द्वारा जो कार्य किए गए हैं, आज वे धरातल पर नजर आ रहे हैं।

□

योगी रामराज्य में कोरोना महामारी का प्रबंधन

मंगल भवन अमंगल हारी।
द्रवहु सो दसरथ अजर बिहारी॥

जीवन में मंगल करने वाले और अमंगल को दूर करने वाले दशरथ के पुत्र श्रीराम हैं। वह हमेशा अपने भक्तों पर कृपा करते हैं। योगी सरकार ने जिस तरीके से कोविड के दौरान काम किया, उससे यह चरितार्थ भी होता है।

उत्तर प्रदेश की योगी सरकार ने कोरोना महामारी से निपटने के लिए कुशल प्रबंधन किया। उत्तर प्रदेश जनसंख्या के लिहाज से देश का सबसे बड़ा राज्य है। स्वास्थ्य सुविधाओं के लिहाज से उत्तर प्रदेश की जो स्थिति पिछली सरकारों ने बना रखी थी, उससे हम सभी परिचित ही हैं। इसलिए इस वैश्विक महामारी से निपटने के दौरान उत्तर प्रदेश की योगी सरकार के सामने कई चुनौतियाँ थीं—

1. महानगरों से आ रहे श्रमिकों को रोजगार देना।
2. उनके स्वास्थ्य की देखभाल करना।
3. कोरोना के संक्रमण को रोकना।
4. स्वास्थ्य सुविधाओं के आधारभूत ढाँचे में आमूलचूल परिवर्तन करना।
5. विपक्ष द्वारा फैलाई जा रही भ्रांतियों का जवाब देते हुए लोगों को कोरोना महामारी के प्रति जागरूक करना।
6. बाहर से आ रहे लोगों के लिए क्वारंटीन सेंटर या आइसोलेशन की सुविधा उपलब्ध कराना।

7. कोरोना टेस्ट के लिए गाँव-गाँव तक पहुँचना।
8. कोरोना संक्रमण की चेन को तोड़ना, ताकि संक्रमण को फैलने से रोका जा सके।
9. वैक्सीन आने के बाद लोगों को वैक्सीन लगवाना और उसके लिए जागरूक करना, क्योंकि विपक्ष ने तो पूरी कोशिश की कि कोई वैक्सीन न लगवाए। इसलिए कभी उसे 'मोदी वैक्सीन' कहा तो कभी उसे 'हराम' बताया। इन अफवाहों से निपटना भी एक बड़ी चुनौती उत्तर प्रदेश की योगी सरकार के लिए थी।
10. प्रदेश के जो लोग बाहर फँसे थे, उन्हें वापस लाना।

इस तरह की कई चुनौतियाँ योगी सरकार के सामने थीं। योगी सरकार ने इन चुनौतियों से निपटते हुए इस वैश्विक महामारी का सामना किया। इस दौरान जिस तरीके से स्वयं मुख्यमंत्री ने अपने हाथों में कमान लेते हुए कोविड का प्रबंधन किया, उसकी तारीफ विश्व स्वास्थ्य संगठन से लेकर विदेशी सांसदों तक ने की। ऑस्ट्रेलिया के सांसद क्रैग केली ने अपने आधिकारिक ट्विटर हैंडल से ट्वीट कर सी.एम. योगी द्वारा कोविड प्रबंधन के लिए उठाए गए कदमों की सराहना की। इसके साथ ही हमारे प्रधानमंत्री श्री नरेंद्र मोदी ने भी 26 जून, 2020 को इस महामारी की रोकथाम के लिए उत्तर प्रदेश की योगी सरकार द्वारा किए गए कामों की प्रशंसा की थी।

उन्होंने कहा, "कोरोना महामारी के दौरान उत्तर प्रदेश के मुख्यमंत्री योगी आदित्यनाथ और उनकी सरकार ने जिस संवेदनशीलता के साथ स्थिति को सँभाला, वह सराहनीय है। चाहे क्वारंटीन सेंटर हों या आइसोलेशन की सुविधा, इन सबके लिए पूरी ताकत झोंक दी गई।" इस तरह से योगी सरकार द्वारा जिस तरीके से कोविड मैनेजमेंट की पूरी रणनीति तैयार की गई, उसकी तारीफ चारों ओर हो रही है।

योगी सरकार ने प्रदेश को कोरोना-मुक्त बनाए रखने के लिए 'ट्रेस, टेस्ट और ट्रीट' की नीति को लगातार अपनाए रखा। उसी का नतीजा यह हुआ कि योगी सरकार ने बहुत जल्दी कोरोना जैसी वैश्विक महामारी पर नियंत्रण पा लिया। योगी सरकार के काम की पुष्टि आँकड़े भी करते हैं। इसीलिए उत्तर प्रदेश में कोरोना प्रबंधन की विश्व स्वास्थ्य संगठन (डब्ल्यू. एच.ओ.) द्वारा भी प्रशंसा की गई। उत्तर प्रदेश 9 करोड़ से अधिक कोविड जाँच करने वाला देश का पहला राज्य बना, इसके साथ ही प्रतिदिन 1.75 लाख कोरोना जाँच करने वाला उत्तर प्रदेश देश का पहला राज्य बना। सरकार द्वारा लगभग 16 करोड़ लोगों की कॉन्टैक्ट ट्रेसिंग की गई। सरकारी क्षेत्र की 45 प्रयोगशालाओं में आर.टी.-पी.सी.आर. विधि से जाँच की सुविधा उपलब्ध कराई गई। सरकार द्वारा 1.75 लाख कोविड बेड उपलब्ध कराए गए। इस दौरान लेवल 1, 2 और 3 के कुल 771 चिकित्सालय क्रियाशील हुए। सरकार ने लखनऊ में 'प्लाज्मा बैंक' की स्थापना की।

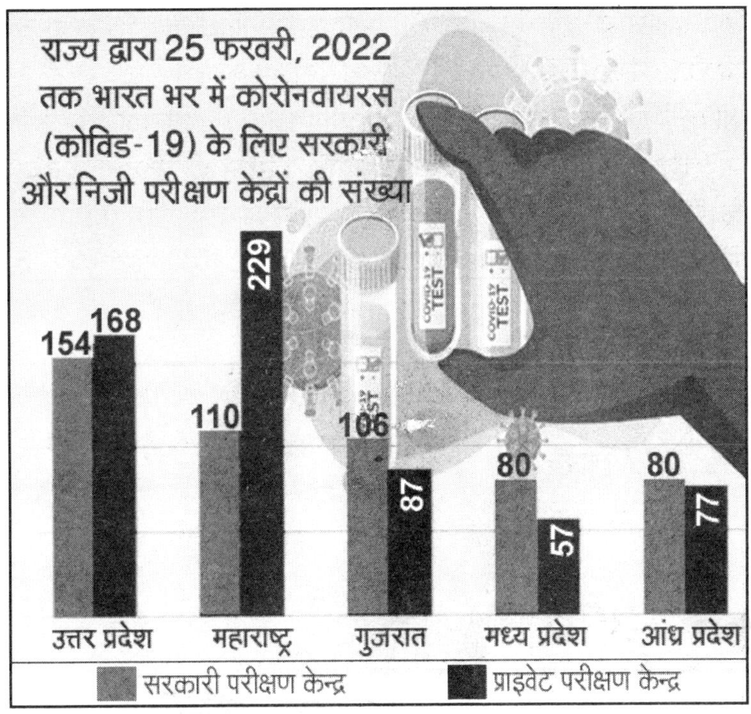

कोरोना महामारी के दौरान जिस तरीके से योगी सरकार ने कार्य किया, उसकी सराहना सभी ने की। योगी के निर्देशन में 'कोविड टास्क फोर्स' ने प्रदेश में जो कार्य किए, उसके नतीजे सबके सामने हैं, सरकार ने युद्ध स्तर पर कार्य करते हुए टेस्ट, ट्रेस के साथ-साथ लोगों को जागरूक भी किया। इस दौरान उत्तर प्रदेश की योगी सरकार ने कोविड जाँच के लिए 234 प्रयोगशालाएँ तैयार की थीं। इसके साथ ही 64,000 से अधिक 'कोविड हेल्प डेस्क' स्थापित किए गए। इन कोशिशों का नतीजा यह हुआ कि कोरोना से मुक्ति का रिकवरी रेट 98 प्रतिशत से अधिक पहुँच गया। सरकार द्वारा राजकीय चिकित्सालयों में नि:शुल्क उपचार की व्यवस्था की गई। सभी मेडिकल कॉलेजों एवं जिला चिकित्सालयों में आइसोलेशन वार्ड तैयार किए गए। सभी जनपदों में नियंत्रण कक्ष एवं कॉल सेंटर स्थापित किए गए। निजी लैब में 600 रुपए में कोरोना टेस्टिंग की सुविधा उपलब्ध कराई

गई। प्रत्येक जनपद में टू नेट जाँच सुविधा, वेंटिलेटर, पल्स ऑक्सीमीटर, पी.पी.ई. किट व ऑक्सीजन की उपलब्धता सुलभ कराई गई। टेस्ट सेंटर की जानकारी के लिए 'मेरा कोविड केंद्र' कोविड-19 से बचाव हेतु जानकारी के लिए, 'आयुष कवच', फ्रंट लाइन कोरोना वॉरियर्स को संक्रमण से बचाने के लिए 'चिकित्सा सेतु' एप बनाए गए। सर्विलांस तथा होम आइसोलेशन में रह रहे संक्रमित लोगों के लिए 'इंटीग्रेटेड कमांड एंड कंट्रोल सेंटर' की स्थापना की गई। कोविड प्रोटोकॉल और लॉकडाउन के उल्लंघन में दर्ज सभी मुकदमे सरकार द्वारा वापस लिये गए।

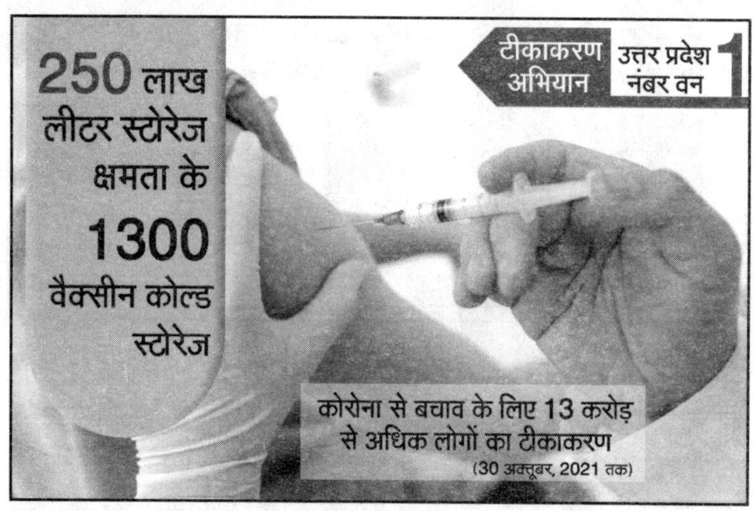

कोविड जाँच के बाद टीकाकरण की प्रक्रिया को विशाल आबादी वाले प्रदेश में लागू करना आसान नहीं था। योगी सरकार ने टीके के स्टोरेज से लेकर वितरण तक में एक कुशल प्रशासक की भूमिका निभाई। सरकार ने टीकाकरण के लिए 250 लाख लीटर स्टोरेज क्षमता के 1300 वैक्सीन कोल्ड स्टोरेज स्थापित किए। कोरोना से बचाव के लिए 13 करोड़ (30 अक्तूबर, 2021 तक) से अधिक लोगों का टीकाकरण किया जा चुका था। 'प्रधानमंत्री जन आरोग्य' (आयुष्मान योजना) में 1 करोड़ 18 लाख गरीब परिवारों को 5 लाख रुपए का चिकित्सा बीमा कवर दिया जाना तय हुआ। 'आयुष्मान

योजना' से 6 करोड़ 47 लाख लोग लाभान्वित हुए। 1.15 करोड़ गोल्डन कार्ड बनाए गए। 'मुख्यमंत्री जनआरोग्य योजना' में 42.19 लाख पात्र कवर हुए। सरकार द्वारा नए बजट में 142 करोड़ रुपए की व्यवस्था की गई। प्रत्येक रविवार को सभी पी.एच.सी.-सी.एच.सी. केंद्रों पर 'मुख्यमंत्री आरोग्य मेलों' का आयोजन किया गया। इन केंद्रों पर अब तक 55,07,345 से अधिक लोगों का स्वास्थ्य परीक्षण हुआ। आशा बहनों का मानदेय 600 से बढ़ाकर 1,250 कर दिया गया। चिकित्सकों की सेवानिवृत्ति आयु 60 वर्ष से बढ़ाकर 62 वर्ष कर दी गई। कई असाध्य रोगों से बचाव, नियंत्रण एवं उपचार हेतु सभी जनपदों में 'दस्तक अभियान' चलाया गया। फलस्वरूप कुछ रोगों के मामलों में 75 प्रतिशत एवं मृत्यु दर में 95 प्रतिशत की कमी आई।

उत्तर प्रदेश को बीमारू राज्य के तौर पर जाना जाता था, उत्तर प्रदेश की स्वास्थ्य व्यवस्था का जो हाल पिछली सरकारों ने किया, उसे बताने की जरूरत नहीं है, कोविड महामारी के दौरान योगी सरकार के लिए सबसे बड़ी चुनौती स्वास्थ्य सुविधाओं में ढाँचागत परिवर्तन के साथ-साथ नए अस्पताल खोलना था। इस काम को भी योगी सरकार ने बखूबी अंजाम दिया, प्रदेश् में कई मेडिकल कॉलेज अलग-अलग जनपदों में खुले, इसके साथ ही पुराने मेडिकल कॉलेज और अस्पतालों की क्षमता को बढ़ाने के लिए योगी सरकार प्राणपण से प्रयासरत रही। सरकार द्वारा अटल बिहारी वाजपेयी चिकित्सा विश्वविद्यालय लखनऊ का शिलान्यास किया गया। गोरखपुर एवं रायबरेली में 'एम्स' निर्माण का कार्य तेज हुआ, गोरखपुर में तो ओ.पी.डी. शुरू भी हो गई। गोरखपुर में आयुष विश्वविद्यालय की स्थापना प्रथम कार्यकाल में प्रक्रियाधीन रही। इस दौरान रोटा वायरस वैक्सीन एवं मीजिल्स रूबेला वैक्सीन को नियमित टीकाकरण में शामिल करते हुए 7 करोड़ 57 लाख बच्चों का टीकाकरण किया गया। 'मिशन इंद्रधनुष' के तहत 93.7 प्रतिशत बच्चे प्रतिरक्षित किए गए। सरकार द्वारा 30 नए मेडिकल कॉलेजों की स्थापना का कार्यारंभ हुआ। इसके साथ ही 7 नए मेडिकल कॉलेजों में पढ़ाई प्रारंभ हो गई। सरकार द्वारा प्रदेश के मेडिकल

कॉलेजों में एम.बी.बी.एस. की 700 सीटें बढ़ाई गईं। 5 जिला चिकित्सालयों (अयोध्या, बहराइच, बस्ती, फिरोजाबाद एवं शाहजहाँपुर) को अपग्रेड कर मेडिकल कॉलेज बनाया गया। बदायूँ एवं ग्रेटर नोएडा में एम.बी.बी.एस. की पढ़ाई प्रारंभ हो गई।

इस कार्यकाल के दौरान सरकार ने कई नए मेडिकल कॉलेज खोले। इन आगाज का नतीजा है कि आज एटा, हरदोई, प्रतापगढ़, फतेहपुर, सिद्धार्थनगर, देवरिया, गाजीपुर एवं मिर्जापुर में 8 नए मेडिकल कॉलेजों का निर्माण-कार्य प्रगति पर है, साथ ही 14 नए मेडिकल कॉलेजों की ओ.पी.डी. में इलाज शुरू हो चुका है। आर.एम.एल. आयुर्विज्ञान संस्थान, लखनऊ में एम.बी.बी.एस. पाठ्यक्रम प्रारंभ किया जा चुका है। प्रदेश की पहली मैटरनल आई.सी.यू. की स्थापना हो गई है। राजकीय मेडिकल कॉलेज झाँसी, गोरखपुर, मेरठ, प्रयागराज, कानपुर एवं आगरा में सुपर स्पेशियलिटी ब्लॉक स्थापित किए गए। 102 व 108 एंबुलेंस सेवा के तहत 4,470 एंबुलेंस संचालन जारी है। एंबुलेंस सेवा के रिस्पांस टाइम को 15 से 20 मिनट करने के लिए 108 का विस्तार कर 2,200 एंबुलेंस संचालित की गईं। प्रदेश में गंभीर रोगियों के लिए 250 ए.एल.एस. एंबुलेंस संचालित की जा रही हैं।

अपने प्रथम कार्यकाल के दौरान उत्तर प्रदेश की योगी सरकार ने स्वास्थ्य सेवाओं को सुदृढ़ करने के लिए कई नए हॉस्पिटल खोले तो कई हॉस्पिटलों को अपग्रेड भी किया। साथ ही सरकार ने कोविड नियंत्रण के लिए प्रदेश में कई वैकल्पिक व्यवस्थाएँ भी की। प्रदेश में कुल 3500 स्वास्थ्य उपकेंद्र, 1475 प्राथमिक स्वास्थ्य केंद्र एवं 399 नगरीय प्राथमिक स्वास्थ्य केंद्रों का संचालन सुचारु किया गया तो साथ ही 5424 हेल्थ एंड वेलनेस सेंटर के संचालन में सुधार किया गया। प्रदेश के 1004 जन-औषधि केंद्रों में सस्ती दर पर दवाएँ उपलब्ध कराई गईं। इस क्षेत्र में बढोतरी लगातार जारी है। 'प्रधानमंत्री मातृ वंदना योजना' से 34 लाख 63 हजार से अधिक माताएँ लाभान्वित हुईं। गरीबों के नि:शुल्क इलाज हेतु 'मुख्यमंत्री स्वास्थ्य

सुरक्षा कोष' का गठन किया गया। 47 जनपदों में नि:शुल्क डायलिसिस की सुविधा उपलब्ध करवाई गई। 56 जनपद चिकित्सालयों में नि:शुल्क सी.टी. स्कैन की सुविधा आरंभ हुई। सरकार ने 170 से अधिक मोबाइल मेडिकल यूनिट सेवा संचालित किया। एस.जी.पी.जी.आई. लखनऊ में स्टेम सेल रिसर्च सेंटर, बोन मैरो ट्रांसप्लांट सेंटर, लीवर ट्रांसप्लांट सेंटर एवं 60 बेड का ट्रॉमा सेंटर कार्यशील हैं। सरकार द्वारा के.जी.एम.यू. में रोबोट सर्जरी यूनिट की स्थापना की गई तो इमरजेंसी मेडिसिन एवं रीनल ट्रांसप्लांट सेंटर भी बनने लगा। एस.जी.पी.जी.आई. लखनऊ में लेवल-3 बायो सेफ्टी लैब की स्थापना जबकि इसी संस्थान में इंस्टीट्यूट ऑफ डायबिटीज एंड इंडोक्राइनोलॉजी विभाग के नाम से एक नए विभाग की स्थापना का फैसला हो गया।

सरकार ने इस कार्यकाल में निर्णय लिया कि 45 जनपदों के राजकीय मेडिकल कॉलेजों-संस्थानों, चिकित्सा विश्वविद्यालयों में क्रिटिकल केयर हॉस्पिटल ब्लॉक स्थापित होंगे। बेशक दूसरे कार्यकाल में इस पर काम तेज होगा। के.जी.एम.यू. में प्रदेश का प्रथम इंटीग्रेटेड स्पाइन सेंटर, मेडिसिन विभाग में ऑर्थोप्लास्टी यूनिट, पीड्रियाटिक ऑर्थोपीडिक विभाग तथा प्रदेश के पहले ह्यूमन मिल्क बैंक की स्थापना की गई है। के.जी.एम.यू. में प्लास्टिक सर्जरी विभाग के अंतर्गत बर्न एवं रिकंस्ट्रक्टिव यूनिट की स्थापना की गई।

बीते पाँच वर्षों में सूबे की योगी सरकार ने अपने काम-काज से हर वर्ग को प्रभावित किया। सरकार ने किसानों को उनकी फसल, खासकर गन्ना, धान और गेहूँ के मूल्य का भुगतान कराने में तेजी दिखाई। बड़े पैमाने पर औद्योगिक निवेश करवाया। सूबे की कानून व्यवस्था को बेहतर किया। बड़े अपराधियों तथा माफियाओं के खिलाफ कठोर काररवाई की। कोरोना संकट के दौरान लोगों के इलाज का बेहतर प्रबंध किया। कोरोना से बचाव के लिए लोगों को वैक्सीन लगवाने में भी तेजी दिखाई गई। इसी का नतीजा है कि उत्तर प्रदेश की सरकार ने आज कोरोना पर लगभग नियंत्रण पा

लिया। आज भी निःशुल्क वैक्सीन हर व्यक्ति को लगे, यह योगी सरकार सुनिश्चित कर रही है। इसलिए अब डोर-टू-डोर जाकर वैक्सीन लगाने पर जोर दिया जा रहा है। आज उत्तर प्रदेश इस महामारी से तकरीबन बाहर निकल गया है। यह सब योगी सरकार की दूरदर्शिता एवं कुशल प्रबंधन का ही नतीजा है।

□

योगी रामराज्य में राम मंदिर का सपना साकार

रघुकुल रीत सदा चली आई।
प्राण जाए पर वचन न जाई॥

रघुकुल परंपरा में हमेशा वचन को प्राणों से ज्यादा महत्त्व दिया गया है। वचन पूरा करने के लिए अपने प्राणों का बलिदान लोग भी दे देते हैं, इस परंपरा में राम इस बात के साक्षात् उदाहरण हैं, अर्थात् जो वचन है, उसे पूरा करना ही है। योगी सरकार ने भी जनता को जो वचन दिया, वह पूरा किया। राममंदिर का वादा योगी सरकार ने जनता से किया था और अंततः उसे पूरा करके भी दिखाया।

राम मंदिर की राह

राम मंदिर की राह आसान नहीं थी। 9 नवंबर, 2019 के दिन 5 जजों की संवैधानिक बेंच ने वह ऐतिहासिक फैसला सुनाया, जिसका इंतजार करोड़ों हिंदुओं को 492 सालों से था। उस समय के चीफ जस्टिस रंजन गोगोई की अगुआई वाली सुप्रीम कोर्ट की पाँच सदस्यीय संविधान पीठ ने 40 दिनों तक चली लगातार सुनवाई के बाद 16 अक्तूबर, 2019 को दशकों पुराने इस कानूनी विवाद पर फैसला सुरक्षित रख लिया। इसके बाद 9 नवंबर, 2019 को वह ऐतिहासिक दिन आया, जब सुप्रीम कोर्ट ने राम मंदिर के पक्ष में फैसला सुनाया। सर्वोच्च अदालत ने पूरे परिसर पर भगवान् रामलला को मालिकाना हक दे दिया और उसके साथ ही भव्य मंदिर निर्माण के लिए नरेंद्र मोदी सरकार को तीन महीने के भीतर एक ट्रस्ट बनाने की जिम्मेदारी सौंप दी। मोदी और योगी सरकार ने उसके बाद 'श्रीरामजन्मभूमि तीर्थ क्षेत्र ट्रस्ट' का गठन करके 5 अगस्त, 2020 को वहाँ भव्य राम मंदिर के निर्माण की आधारशिला रख दी।

सन् 1528 से लेकर 2020 तक तकरीबन 492 वर्षों के इस संघर्ष को देखें तो इसमें कई मोड़ आए। स्वतंत्र भारत की राजनीतिक पार्टियों ने भी मंदिर की राह को मुश्किल बनाने में कोई कसर नहीं छोड़ी। यहाँ तक कि

प्रभु राम के अस्तित्व को ही नकार दिया गया। हरसंभव कोशिश की गई कि अयोध्या में राम मंदिर न बने। इसलिए 5 अगस्त, 2020 का दिन करोड़ों हिंदुओं के लिए उत्सव-उल्लास का दिन था। यह दिन इतिहास के आरोपित अँधेरे से प्रकाशमय होने का दिन था। यह दिन रामलला को वापस वह जगह और सम्मान मिलने का दिन था, जिसे राजनीतिक पार्टियों ने तुष्टीकरण और खास समुदाय को खुश करने के लिए षड्यंत्र के तहत उलझाकर रखा था। यह हिंदू भावनाओं और आस्था के दृढ़ विश्वास का दिन था। यह दिन केंद्र की मोदी सरकार और राज्य की योगी सरकार की दृढ़ इच्छा शक्ति और संकल्प का दिन भी था, जो कि हमेशा से मानते थे कि अयोध्या में राम मंदिर था और उसी स्थान पर पुनः राम मंदिर बनेगा। केंद्र में मोदी और राज्य में योगी सरकार आने के बाद वर्षों से न्यायालय में लंबित रामजन्मभूमि के मामले में रोज सुनवाई हुई। इस कारण सालों से लंबित रामजन्म के मामले में 9 नवंबर, 2019 को वह निर्णय आया, जिसका इंतजार दुनिया भर में रहने वाले करोड़ों हिंदू कर रहे थे; क्योंकि अयोध्या राम की जन्मभूमि है और उस विवादित जगह पर मंदिर था, जिसे आक्रांताओं ने साजिश के तहत तोड़ दिया था। सबकी यही इच्छा थी कि वहाँ पुनः राम मंदिर बने। योगी सरकार ने जनता की इस इच्छा को पूर्ण करने में निर्णायक भूमिका निभाई।

आज अयोध्या में हर साल भव्य रामलीला और दीपावली का आयोजन होता है। पूरी अयोध्या नगरी को योगी सरकार ने सांस्कृतिक शहर के रूप में विकसित कर दिया है। भव्य राम मंदिर का काम बहुत तेजी से चल रहा है। आज अयोध्या पूरे विश्व के लिए अध्यात्म, पर्यटन और आकर्षण का केंद्र बनी हुई है।

पर्यटन को बढ़ावा देने और भारत के सांस्कृतिक गौरव को प्रतिष्ठित करने के लिए उत्तर प्रदेश की योगी सरकार ने बहुत से कार्य किए। उत्तर प्रदेश के कई शहरों को उन्होंने सांस्कृतिक नगरी के रूप में विकसित किया। काशी से लेकर मथुरा, अयोध्या, प्रयागराज जैसे नगरों की सांस्कृतिक पहचान को पुनः स्थापित किया, जबकि पहले की सरकारों ने इन नगरों की पहचान को धूमिल करने में कोई कोर-कसर नहीं छोड़ी थी। योगी सरकार ने विश्व के सबसे बड़े सांस्कृतिक गौरव प्रयागराज कुंभ को भव्य तरीके से आयोजित किया, इसी कारण उसकी प्रशंसा देश ही नहीं बल्कि विदेशों में भी हुई। यूनेस्को जैसी संस्था ने भी भारतीय सांस्कृतिक गौरव के इस आयोजन की प्रशंसा की थी। इसके साथ ही योगी सरकार ने अयोध्या को एक सांस्कृतिक नगरी और राम मंदिर के आदर्श स्वरूप में प्रस्तुत करने के लिए अनेक योजनाएँ लागू

की हैं। इसके साथ ही अयोध्या में भव्य राम मंदिर निर्माण के लिए प्रधानमंत्री श्री नरेंद्र मोदीजी द्वारा भूमि पूजन किया गया। सरकार ने श्रीराम मंदिर मॉडल पर डाक टिकट जारी किया गया। ग्लोबल इनसाइक्लोपीडिया ऑफ रामायण पर आधारित राष्ट्रीय एवं अंतरराष्ट्रीय स्तर के विभिन्न सेमिनारों के आयोजन का दौर आरंभ हुआ। अयोध्या में दीपोत्सव, मथुरा में कृष्णोत्सव, बरसाना में रंगोत्सव, वाराणसी में शिवरात्रि एवं देव दीपावली का आयोजन हर वर्ष भव्य रूप में किया जाता है। योगी सरकार ने जिस स्तर पर इसका आयोजन किया, अयोध्या दीपोत्सव ने लगातार दो वर्ष गिनीज बुक ऑफ वर्ल्ड रिकॉर्ड बनाया। अयोध्या के साथ-साथ काशी का वह पुराना वैभव भी अब लौटने लगा। योगी आदित्यनाथ ने काशी विश्वनाथ कॉरिडोर का विकास किया, इसके साथ ही अब 'उत्तर प्रदेश दिवस' (24 जनवरी) पर भी भव्य आयोजन आरंभ हुआ। इस अवसर पर विभिन्न क्षेत्रों में उल्लेखनीय प्रदर्शन करने वाले महानुभावों को सम्मानित किया गया। इस दौरान सांस्कृतिक प्रतीकों को नई पहचान मिली जिसके तहत बौद्ध सर्किट में श्रावस्ती, कपिलवस्तु और कुशीनगर तथा रामायण सर्किट में चित्रकूट एवं गवेरपुर में पर्यटन सुविधाओं का विकास किया गया। ब्रज तीर्थ क्षेत्र विकास परिषद् की स्थापना की गई। नैमिषारण्य तीर्थक्षेत्र विकास परिषद्, विंध्य तीर्थ क्षेत्र विकास परिषद्, शुक्रधाम तीर्थ विकास परिषद्, चित्रकूट तीर्थ क्षेत्र विकास परिषद्, देवीपाटन तीर्थ विकास परिषद् का गठन किया गया। महाभारत सर्किट के अंतर्गत महाभारत से जुड़े स्थलों का विकास किया गया। शक्तिपीठ सर्किट एवं आध्यात्मिक सर्किट से जुड़े स्थलों का विकास हुआ। जैन तथा सूफी सर्किट के तहत आगरा एवं फतेहपुर सीकरी में पर्यटन सुविधाओं का बड़े स्तर पर विकास किया गया। गोरखपुर के रामगढ़ताल में वाटर स्पोर्ट्स, पीलीभीत टाइगर रिजर्व तथा चंदौली में देवदरी राजदरी वाटरफॉल को नए रूप में विकसित किया गया। ये सभी कार्य उत्तर प्रदेश की एक नई सांस्कृतिक छवि गढ़ते हैं, आज कई सांस्कृतिक प्रतीकों, स्थलों को नई पहचान मिल रही है।

इसके साथ ही प्रदेश की सांस्कृतिक विरासत को देश-दुनिया तक

पहुँचाने के लिए योगी सरकार कई आयोजन समय-समय पर कराती आ रही है। इनमें से कुछ प्रमुख—उत्तर प्रदेश ट्रेवल मार्ट (लखनऊ), इंडिया टूरिज्म मार्ट (नई दिल्ली), आम महोत्सव, माघ मेला प्रयागराज, गोरखपुर महोत्सव आदि आयोजन से पर्यटकों की संख्या में 87 प्रतिशत की वृद्धि हुई। योगी सरकार ने इको टूरिज्म के लिए दुधवा नेशनल पार्क, कतर्निया वाइल्ड लाइफ सेंक्चुरी, सांडी पक्षी विहार, चंबल सेंक्चुरी, नवाबगंज पक्षी विहार, सूर-सरोवर सेंक्चुरी एवं सूरजपुर बर्ड सेंक्चुरी में 'बर्ड फेस्टिवल' का आयोजन किया। वाराणसी में क्रूज सेवा का संचालन किया गया। स्प्रिचुअल सर्किट के अंतर्गत गोरखपुर, देवीपाटन, डुमरियागंज में पर्यटन सुविधाओं का विकास किया। जेवर, दादरी, नोएडा, खुर्जा एवं बाँदा में पर्यटन सुविधाओं को बढ़ाया गया। आगरा में शाहजहाँ पार्क एवं मेहताब बाग-कछपुरा का कार्य एवं वृंदावन में बाँके बिहारीजी मंदिर क्षेत्र में पर्यटन की दृष्टि से कई कार्य किए गए। दुधवा टाइगर रिजर्व तथा पीलीभीत टाइगर रिजर्व स्थलों का विकास किया गया। इसके साथ ही थारू जनजाति पर आधारित विशेष संग्रहालय की स्थापना का काम भी योगी सरकार ने इसी कार्यकाल में शुरू करवा दिया। मगहर में संत कबीर अकादमी की स्थापना की गई। गोरखपुर में 5000 की दर्शक क्षमता के प्रेक्षागृह एवं खुले मंच की स्थापना भी की गई। पाँच सालों के इन कार्यों से स्पष्ट होता है कि योगी सरकार सांस्कृतिक वैभव और पहचान को हर स्तर पर बढ़ावा देने के लिए प्रतिबद्ध रही है। एक तरफ जनजातीय संग्रहालय है तो दूसरी तरफ कबीर अकादमी। यह बात इससे पहले की सरकारें शायद ही कभी सोच पातीं।

संस्कृति का सत्कार

उत्तर प्रदेश की योगी सरकार ने सांस्कृतिक संवर्धन के लिए कई योजनाओं को लागू किया। साथ ही उन्होंने विभिन्न धार्मिक यात्राओं के लिए दी जाने वाली अनुदान राशि में भी अभूतपूर्व वृद्धि की। योगी सरकार राजनीतिक दृष्टि से ही नहीं बल्कि सांस्कृतिक दृष्टि से भी प्रदेश के उत्थान के लिए सक्रिय

रही है। सांस्कृतिक उत्थान के बिना वैसे भी रामराज्य की कल्पना नहीं की जा सकती। योगी सरकार ने कैलाश मानसरोवर यात्रियों की अनुदान राशि 50 हजार रुपए से बढ़ाकर एक लाख रुपए प्रतियात्री कर दी। सिंधु दर्शन अनुदान राशि 20 हजार रुपए प्रति यात्री हो गई। गजल, दादरा, खयाल एवं ठुमरी क्षेत्र के 4 कलाकारों को 'बेगम अख्तर पुरस्कार' देना शुरू किया गया, ताकि इन कलाओं को प्रोत्साहन मिले, इसके साथ ही योगी सरकार द्वारा कलाकारों को ध्यान में रखते हुए 60 वर्ष से अधिक आयु के 321 वृद्ध एवं विपन्न कलाकारों को 2,000 रुपए प्रतिमाह पेंशन देना शुरू किया गया।

योगी सरकार की यह कोशिश रही कि वह हर क्षेत्र में नए सिरे से काम करे और सरकार-दर-सरकार चली आ रही तुष्टीकरण की नीति को खत्म करके सबका साथ व सबका विकास की नीति पर चले। इसी का परिणाम है कि योगी सरकार ने 'चौरी-चौरा शताब्दी महोत्सव' के लिए 15 करोड़ रुपए का अनुदान दिया। श्रीराम जन्मभूमि मंदिर, अयोध्या धाम तक पहुँचने के लिए मार्ग के निर्माण हेतु 300 करोड़ रुपए आवंटित किए। लखनऊ में उत्तर प्रदेश जनजातीय संग्रहालय के निर्माण हेतु 8 करोड़ रुपए दिए तथा शाहजहाँपुर में स्वतंत्रता संग्राम संग्रहालय की वीथिकाओं के लिए 4 करोड़ रुपए स्वीकृत किए। प्रदेश में ख्यातिलब्ध साहित्यकारों एवं कलाकारों को 'उत्तर प्रदेश गौरव सम्मान' प्रदान किए जाने का निर्णय भी योगी सरकार ने किया। यह योगी सरकार की सांस्कृतिक समझ को प्रदर्शित करता है, वह कला, कलाकारों, साहित्य, साहित्यकारों सभी को सांस्कृतिक संवर्धन का प्रमुख सेतु मानते हैं।

उत्तर प्रदेश को पर्यटन की दृष्टि से विकसित करने का सार्थक प्रयास भी इसी सरकार ने किया। पहले की सरकारों ने कभी इस ओर ध्यान ही नहीं दिया। योगी सरकार ने महत्त्वपूर्ण नगरों, स्थानों को पर्यटन की दृष्टि से विकसित करने का कार्य किया। साथ ही वहाँ वे सभी सुविधाएँ मुहैया कराईं, जिनकी आवश्यकता थी। जैसे अयोध्या में पर्यटन सुविधाओं का विकास एवं सौंदर्यीकरण हेतु 100 करोड़ रुपए देना ताकि वहाँ बड़ी संख्या में पर्यटक पहुँचें। इसके अलावा वाराणसी में पर्यटन सुविधाओं के विकास

तथा सौंदर्यीकरण हेतु 100 करोड़ रुपए दिए गए। मुख्यमंत्री पर्यटन स्थलों की विकास योजना हेतु 200 करोड़ रुपए का प्रावधान किया गया। चित्रकूट में पर्यटन विकास की विभिन्न योजनाओं के लिए 20 करोड़ रुपए सुनिश्चित किए गए। इसके अतिरिक्त विंध्याचल एवं नैमिषारण्य में स्थल विकास हेतु 30 करोड़ रुपए स्वीकृत किए गए। इस तरह पर्यटन के क्षेत्र में सरकार ने बहुत इन्वेस्ट किया, ताकि उत्तर प्रदेश को पर्यटन की दृष्टि से भी उत्तम प्रदेश बनाया जा सके। यह योगी सरकार की दूरदृष्टि और जन-कल्याणकारी सोच का ही नतीजा है।

□

पंचूर के योगी का अजय पथ

काम, कोह, मद, मान न मोहा। लोभ न, छोभ न, राग न द्रोहा॥
जिन्ह कें कपट दंभ नहिं माया। तिन्ह कें हृदय बसहु रघुराया॥

जिस व्यक्ति में काम, क्रोध, मद, अभिमान, मोह, लोभ, क्षोभ, राग, द्वेष, कपट, दंभ और माया न हों, ऐसे व्यक्ति के हृदय में श्रीराम का निवास होता है। योगी आदित्यनाथ के जीवन को देखें तो उनका जीवन भी ऐसा ही है।

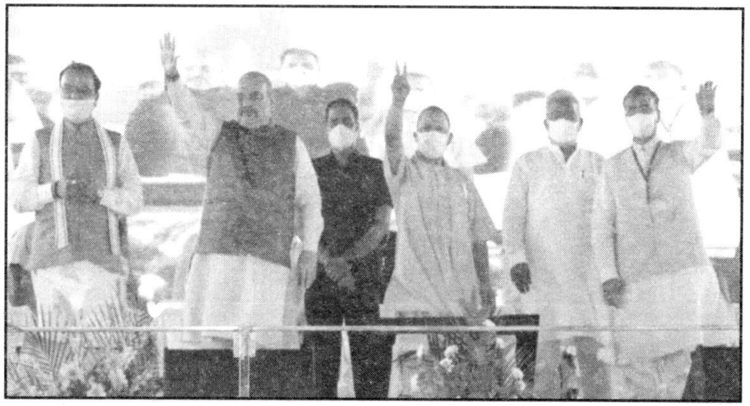

दरमियाने कद का सुगठित शरीर, चमकता मुखमंडल, चौड़ा ललाट, कानों में सोने के मोटे कुंडल और कभी-कभी आँखों पर रे बैन का चश्मा। यही छवि योगी आदित्यनाथ की हम सबके सम्मुख उभरकर आती है। यह छवि उस आध्यात्मिक व्यक्तित्व की है जिसका बाना हमेशा एक जैसा रहता

है, यह बाना भगवा है। बेहद चपल, सक्रिय, फुर्तीले और अनुशासित जीवन जीने वाले योगी आदित्यनाथ की यह छवि हम सबके सामने आती है। योगी आदित्यनाथ की उपस्थिति ऊर्जा से भर देती है। वे संन्यासी हैं और सियासी भी हैं। उनके विरोधी उन्हें दबंग और सांप्रदायिक बताते हैं, लेकिन उन्हीं के शहर के बहुत से लोग ऐसी तमाम कहानियाँ भी सुनाते हैं कि किस तरह उन्होंने दूसरे धर्मों के लोगों के साथ प्रशंसनीय और उल्लेखनीय व्यवहार किया है। योगी के जितने प्रशंसक रहे, उतने ही विरोधी भी रहे हैं। उनके विरोधियों के लिए योगी की छवि प्राथमिक व्यक्ति की रही जबकि उनके समर्थकों के लिए वे हिंदू हृदय सम्राट् हैं, इन सबके अतिरिक्त योगी आदित्यनाथ के व्यक्तित्व के कई और आयाम भी हैं, वे सख्त प्रशासक हैं, वह मास लीडर हैं। यह बात उत्तर प्रदेश की कमान सँभालने से पहले भी थी और आज तो पूरी दुनिया उनके व्यक्तित्व के इस पक्ष से वाकिफ है।

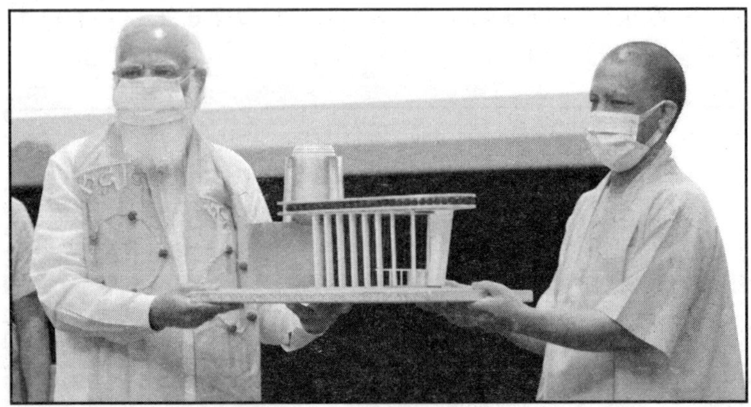

योगी गोरखपुर शहर से पाँच बार सांसद रहे, हर बार पहले से अधिक मतों से जीत मिली। जनता उनमें आस्था-विश्वास रखती है और सम्मान देती है तो वोट भी देती है। उनका कहा उनके समर्थकों के लिए वेद वाक्य होता है। एक जमाने में उनके समर्थक गोरखपुर में नारा लगाते थे—'गोरखपुर में रहना है, तो योगी-योगी कहना है।' आज उनका यही प्रभाव पूरे प्रदेश में फैल चुका है।

योगी आदित्यनाथ गढ़वाली राजपूत हैं। उत्तराखंड योगी जैसे अपने सपूतों के लिए सदियों तक गौरवान्वित होता रहेगा। योगी आदित्यनाथ की जन्मस्थली अगर उत्तराखंड है, तो कर्मस्थली उत्तर प्रदेश है। उत्तराखंड के इस लाल ने उत्तर प्रदेश से जो लिया है, उससे कई गुना उसे लौटा रहा है। शिक्षा-दीक्षा के शहर गोरखपुर को योगी आदित्यनाथ ने बहुत कुछ दिया है, तो एक मुख्यमंत्री के तौर पर समूचे सूबे ने यह बात मानी है कि इतना सक्रिय, इस कदर अनुशासित और जनता के काम कराने वाला मुख्यमंत्री इससे पहले कभी नहीं देखा गया। शायद ही कोई मुख्यमंत्री ऐसा हुआ हो, जो जनता से इस कदर कनेक्ट रहा हो। उनके पदग्रहण पर जनता ने स्वत:स्फूर्त दीवाली जैसा आयोजन किया। सचमुच, योगी आदित्यनाथ का व्यक्तित्व न सिर्फ अनुकरणीय है बल्कि उनका जीवन भी रोचक अनुभवों से भरा है। इन्हीं अनुभवों ने उनका व्यक्तिव इतना करुणामयी, जन-हितैषी, अनुशासनप्रिय तथा विविधतापूर्ण और प्रभावी बनाया है।

साधारण परिवार, असाधारण परवरिश

योगी आदित्यनाथ के बचपन का नाम अजय सिंह बिष्ट है। पिता आनंद सिंह बिष्ट और माता सावित्री देवी ने उन्हें यह नाम दिया था। उनका जन्म 5 जून, 1972 को उत्तराखंड के पौड़ी गढ़वाल जिले के यमकेश्वर ब्लॉक के एक छोटे से गाँव पंचूर में हुआ। पिता वन विभाग में रेंजर थे। अब उनका निधन हो चुका है। मुख्यमंत्री के परिवारजन आज भी बहुत ही साधारण जीवन जीते हैं। टी.वी. पर उनके जीवन की सरलता को देखकर सहसा बहुतों को विश्वास नहीं हुआ होगा, खासकर तब, जबकि देश और प्रदेश की राजनीति में धन-बल का ही बोलबाला रहा हो। योगी चार भाई और तीन बहनों में दूसरे नंबर पर हैं। उनके दो भाई कॉलेज में नौकरी करते हैं, जबकि एक भाई सेना की गढ़वाल रेजिमेंट में सूबेदार है। आज अगर योगी आदित्यनाथ के बयानों की चर्चा चहुँओर है तो यह सियासत की देन है, यह सब उन्होंने स्वयं अर्जित किया है। बचपन में अजय सिंह बिष्ट तो खासे

शर्मीले और चुप रहने वाले बालक थे। बाहर दोस्तों से तो क्या, यहाँ तक कि घर में भाई-बहनों से भी बहुत कम बोलते थे। शुरू से ही शर्मीले स्वभाव के चलते अड़ोस-पड़ोस में भी बहुत कम बात किया करते थे। उनका यह स्वभाव उन्हें अपने अन्य भाई-बहनों से अलग भी बनाता था। उस समय शायद ही किसी ने कल्पना की होगी कि यह शांत बालक एक दिन देश के सबसे बड़े राज्य का मुख्यमंत्री बनेगा।

पढ़ाकू युवा

पहाड़ों का जीवन बहुत ही कष्टप्रद होता है। विकास की रफ्तार भी वहाँ तक पहुँचते-पहुँचते बहुत धीमी हो जाती है, शिक्षा के मामले में तो एक अलग तरह का संघर्ष वहाँ है। अजय सिंह को अपनी अधिकांश पढ़ाई घर से बाहर रहकर करनी पड़ी। उन्होंने बस ककहरा ही गाँव में सीखा, वरना शिक्षा के लिए उन्हें सदैव बाहर ही रहना पड़ा। वह इंटर कॉलेज चमकोटखाल में पढ़ते थे और हॉस्टल में रहते थे। शनिवार शाम को कॉलेज से घर आते और सोमवार को सुबह-सुबह एक हफ्ते का राशन लेकर फिर हॉस्टल चले जाते थे। अच्छी बात यह थी कि गाँव का ही एक और लड़का इनके साथ पढ़ता था। दोनों साथ में ही रहते थे। अजय गणित के सवालों को दूसरे के मुकाबले जल्दी से समझ जाते और तेजी से हल करते थे। इंटर कॉलेज चमकोटखाल में गणित के शिक्षक डॉ. राजेंद्र बमराड़ा बताते हैं कि योगी पढ़ने में काफी होशियार थे और अधिकतर अकेले ही रहना पसंद करते थे। शुरू-शुरू में उन्होंने अपने को खुद तक ही सीमित रखा था।

जब वे ऋषिकेश में श्री भारत मंदिर इंटर कॉलेज तथा डिग्री कॉलेज ऋषिकेश में पढ़ रहे थे, तब उन्होंने आवास विकास कॉलोनी ऋषिकेश में ही कमरा ले रखा था। उस समय उनके पिताजी वन विभाग के उत्तरकाशी वाले क्षेत्र में कार्यरत थे। मौका निकालकर वे कई बार घर जाने से पहले आवास विकास ऋषिकेश आ जाते थे। उनके पिताजी बताते थे कि अजय रात के 12 बजे तक कमरे में रहकर पढ़ाई करता रहता था और फिर सुबह

4 बजे उठकर पढ़ाई करने में जुट जाता था। सन् 1989 में ऋषिकेश के श्री भारत मंदिर इंटर कॉलेज से इन्होंने इंटरमीडिएट की परीक्षा पास की। इसके बाद ऋषिकेश में ही आगे की पढ़ाई में जुट गए। उनका गणित प्रिय विषय था, इसलिए गढ़वाल विश्वविद्यालय के तहत आने वाले कोटद्वार कॉलेज से गणित में बी.एस-सी. करने का फैसला लिया और एक बार फिर पढ़ाई में लग गए। उन दिनों को याद करते हुए उनके मित्र बुडाकोटी बताते हैं, "हम दोनों ही गाँव से आए थे और हिंदी मीडियम में पढ़े थे। बी.एस-सी. की पढ़ाई अंग्रेजी में होती थी और स्वाभाविक रूप से इसमें हम दोनों को ही परेशानी होती थी। फिर कोटद्वार के स्थानीय लड़के हम गाँव वालों को ज्यादा भाव नहीं देते थे। इसलिए हम लोग अधिकतर समय साथ ही बिताते थे।" उस दौर में हमारा प्रयास अन्य विषयों के साथ अंग्रेजी में बेहत्तर करने का रहता था। एक तरह का यह संघर्ष ही था, लेकिन योगी आदित्यनाथ संघर्षों से लड़ने वाले, जूझने वाले व्यक्तित्व हैं।

योगी आदित्यनाथ बचपन से ही धार्मिक स्वभाव के दयालु तथा दूसरों की सहायता करने वाले इनसान थे। वे न सिर्फ कुशाग्र बुद्धि के थे बल्कि समाज-सेवा के प्रति भी बहुत सचेत रहते थे। सन् 1990 में गणित विषय में स्नातक की पढ़ाई करते हुए अजय सिंह अखिल भारतीय विद्यार्थी परिषद् से जुड़ गए। विद्यार्थी परिषद् में वे बहुत सक्रिय थे, उनकी इस सक्रियता के कारण कॉलेज राजनीति में भी उनका दखल बढ़ रहा था। उनकी तार्किकता, समझ और भाषा पर पकड़ के कारण वह विश्वविद्यालय में चर्चित व्यक्तित्व थे। उस दौरान उन्होंने चुनाव लड़ने का फैसला किया। वे चाहते थे कि छात्र संघ के चुनाव में ए.बी.वी.पी. उन्हें अपने टिकट पर चुनाव लड़वाए। अजय योग्य भी थे और छात्रों के चहेते भी, पर राजनीति इसी का नाम है। ए.बी. वी.पी. ने उन्हें टिकट नहीं दिया। दोस्त और समर्थक संख्या में इतने अधिक और उत्साही थे कि उन्होंने अजय सिंह को बिना टिकट के ही चुनाव लड़ा दिया। मत और समर्थन भरपूर मिला, पर वे जीत न सके। प्रकृति अपने नियम खुद तय करती है। इसे प्रकृति की लीला या प्रारब्ध का एक उपहार ही कहा

जाएगा, क्योंकि यदि अजय सिंह उस चुनाव में जीत जाते तो शायद राजनीति का वह भँवर उन्हें किसी और ही मुकाम पर ले जाता और वे न तो गोरखनाथ मंदिर के महंत बनते, न योगी आदित्यनाथ। उस समय ए.बी.वी.पी. के जिला संयोजक रहे डॉक्टर पद्मेश बुडाकोटी कहते हैं कि शायद नियति ने ही उनका मार्ग प्रशस्त किया।

सन् 1992 में श्रीनगर के हेमवती नंदन बहुगुणा गढ़वाल विश्वविद्यालय से उन्होंन गणित में बी.एस-सी. (B.Sc.) की परीक्षा पास की। उसके बाद वे कोटद्वार में रहने लगे। कोटद्वार में उनके साथ एक बड़ी दुर्घटना घटी। योगी आदित्यनाथ के कमरे से सारा सामान चोरी हो गया, जिसमें इनके सनद, अंक पत्र, प्रमाण-पत्र और शिक्षा संबंधी कई अन्य जरूरी कागजात थे। अजय सिंह की बड़ी इच्छा थी कि गोरखपुर विश्वविद्यालय से गणित में मास्टर की डिग्री लें, फिर पी-एच.डी. करें। बड़े विश्वविद्यालय में ए.बी.वी.पी. की या फिर सार्थक छात्र राजनीति करें। कागजात खो जाने के चलते यह सपना धरा-का-धरा रह गया। एम.एस-सी. साइंस करने का प्रयास असफल रह गया। इसके बाद इन्होंने ऋषिकेश में फिर से विज्ञान स्नातकोत्तर में प्रवेश तो लिया, लेकिन 'राम मंदिर आंदोलन' का प्रभाव और स्नातकोत्तर में प्रवेश की परेशानी से उनका ध्यान दूसरी तरफ बँट गया। बुडाकोटी के अनुसार, 89-92 में स्नातक करने के दौरान राम मंदिर आंदोलन चरम पर था और ए.बी.वी.पी. के कार्यकर्ता होने के नाते अजय पर भी इसका काफी प्रभाव पड़ा था।

गोरक्षपीठ से जुड़ाव

इन प्रकरणों से निबटने के एक साल बाद सन् 1993 में अजय सिंह पढ़ाई के दौरान 'गुरु गोरखनाथ' पर शोध करने गोरखपुर आए। गोरखपुर प्रवास के दौरान ही महंत अवेद्यनाथ के संपर्क में आए। महंत अवेद्यनाथ योगी मूल रूप से अजय सिंह के पड़ोस के ही गाँव के निवासी थे और परिवार के पुराने परिचित थे। अजय सिंह महंत अवेद्यनाथ के संपर्क में आए और उनके बारे में जाना तो बहुत प्रभावित हुए या कह लें, खुद को पूरी तरह उनके प्रति

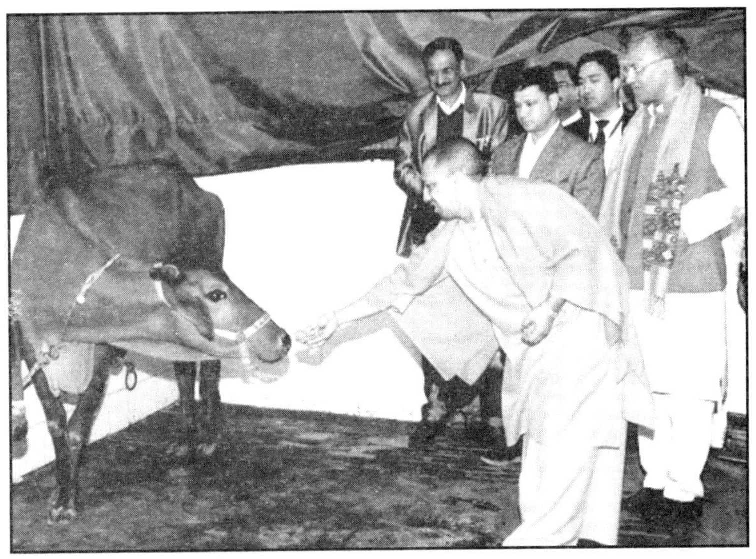

समर्पित कर दिया और उनकी शरण में चले गए। पिता आनंद सिंह बिष्ट बताते हैं, "1993 में ही वह गोरखपुर चले गए थे, जहाँ महंत अवेद्यनाथ ने उनसे अपना उत्तराधिकारी बनने को कहा था। इसके बाद वह घर अनुमति माँगने आए और अपनी माँ से पूछा कि क्या मैं गोरखपुर चला जाऊँ? तो उन्हें लगा कि यह कोई नौकरी करने जा रहा है। तब योगी आदित्यनाथ की उम्र महज 21 वर्ष की थी। माँ ने कह दिया कि चला जा। हालाँकि जब वह मुझे मिला तो मैंने मना कर दिया। उसने जिद की तो मैंने कह दिया कि चला जा, पर मेरी सहमति नहीं है।" फरवरी 1994 को बसंत पंचमी के दिन गोरखपुर में अजय सिंह बिष्ट ने महंत अवेद्यनाथ से दीक्षा ली और अजय सिंह से योगी आदित्यनाथ बन गए। सांसारिक मोह-माया त्यागकर पूर्ण संन्यासी हो गए। हालाँकि घर वालों को इसका तीन महीने बाद पता चला, जिसके बाद वह उनसे मिलने भी गए। मठ की परंपरा के अनुसार चेहरे और सिर के केश मुंडन करवा लिए, कनफटे संन्यासी बनने के लिए कानों में स्फटिक के कुंडल धारण किए। आजीवन गेरुए-काषाय वस्त्र पहनने, गोरक्ष संप्रदाय के दर्शन के प्रकीर्णन का प्रण लिया। दीक्षा लेने के बाद शीघ्र ही अप्रैल 1994 में महंत

अवेद्यनाथजी ने उनको अपना उत्तराधिकारी घोषित कर दिया। 12 सितंबर, 2014 को महंत अवेद्यनाथजी ने शरीर छोड़ा तो उसके दो दिन बाद योगी आदित्यनाथ को नाथ पंथ के पारंपरिक अनुष्ठानों के अनुसार पीठाधीश्वर बनाया गया।

पारिवारिक मोह-माया और आराम भरी जिंदगी छोड़कर साधु बनने के सवालों पर योगी आदित्यनाथ खुद कहते हैं, 'मेरी जिंदगी में अध्यात्म का महत्त्व शुरू से ही रहा है। जब मैं ग्रैजुएशन कर रहा था, उस समय मैं महंत अवेद्यनाथजी के संपर्क में आ गया था। उस समय दो चीजें चल रही थीं—एक तो अध्यात्म की ओर मेरी रुचि थी, दूसरा उस समय के सबसे बड़े सांस्कृतिक आंदोलन रामजन्मभूमि आंदोलन के प्रति मेरा झुकाव था। रामजन्मभूमि मुक्ति यज्ञ समिति के अध्यक्ष महंत अवेद्यनाथजी महाराज थे। इन दोनों कारणों से मैं उनके संपर्क में आया था और फिर आगे बढ़ता गया। 1993 में मैंने संन्यास लेने का पूर्ण निश्चय किया। 1994 में बसंत पंचमी के दिन मुझे महाराजजी ने योग की दीक्षा प्रदान की।'

राजनीति में प्रवेश

गोरखपुर के गोरखनाथ मंदिर का राजनीति से पुराना रिश्ता रहा है। महंत आदित्यनाथ के पूर्ववर्ती महंत भी यहाँ से संसद् में पहुँचते रहे हैं। महंत दिग्विजयनाथ 1967 में गोरखपुर सीट से सांसद बने थे। उनके उत्तराधिकारी अवेद्यनाथ भी कई बार निर्दलीय विधायक और दो बार सांसद चुने गए थे। बाद में भारतीय जनता पार्टी द्वारा राम मंदिर आंदोलन शुरू करने के बाद वह पार्टी से जुड़ गए और भाजपा के टिकट पर 1991 तथा सन् 1996 का लोकसभा चुनाव जीते थे। योगी आदित्यनाथ भी अपने गुरुओं के पदचिह्नों पर चले। वैसे भी योगी आदित्यनाथ में समाजसेवा का भाव कूट-कूटकर भरा था, साथ ही गोरक्ष पीठ की देखरेख में भी कई समाज-सुधार कार्यक्रम चलते थे। राजनीति का ककहरा तो वे छात्र जीवन में ही कंठस्थ कर चुके थे। इस तरह पीठाधीश्वर होने के बाद उन्हें सामाजिक और राजनीतिक, दोनों ही

क्षेत्रों में भरपूर कार्य करने का अवसर मिला। तकरीबन तीन वर्ष की सियासी सक्रियता और समाजसेवा के बाद योगी आदित्यनाथ ने 1998 में पहली बार भाजपा प्रत्याशी के तौर पर गोरखपुर से चुनाव लड़ा। तब उनकी उम्र केवल 26 वर्ष थी। वे बारहवीं लोकसभा (1998-99) के सबसे युवा सांसद थे। 1999 में गोरखपुर से दुबारा सांसद चुने गए। उन्हें अपार जनसमर्थन मिला। अप्रैल 2002 में योगी आदित्यनाथ ने राजनीतिक कार्यों से इतर सामाजिक लक्ष्यों पर काम करने के लिए नौजवानों को प्रेरित कर 'हिंदू युवा वाहिनी' बनाई। 2004 में उन्होंने तीसरी बार लोकसभा का चुनाव गोरखपुर से लड़ा और भारी मतों से जीते। योगी आदित्यनाथ धर्मांतरण के खिलाफ थे। 2005 में योगी ने कथित तौर पर 1800 ईसाइयों का शुद्धीकरण करके उन्हें पुनः हिंदू धर्म में शामिल कराया। ऐसे शुद्धीकरण का काम उत्तर प्रदेश के एटा जिले में भी कराया गया। बड़े पैमाने पर हुई यह घर वापसी की घटना बहुत चर्चित रही थी।

राजनीति में अजातशत्रु होना संभव नहीं। योगी आदित्यनाथ की प्रखरता, उनके बढ़ते प्रभाव ने उनके कुछ विरोधी भी पैदा किए। 2008 में 7 सितंबर को आजमगढ़ में उन पर जानलेवा हमला हुआ। इस हमले में योगी बाल-बाल बचे। चश्मदीद बताते हैं कि इस हमले में 100 से भी ज्यादा वाहनों को हमलावरों ने घेर लिया था और बेचारे निहत्थे लोगों को लहूलुहान कर दिया था। योगी ने इस हमले के जिम्मेदार लोगों से कभी बदला नहीं लिया। 2009 के आम चुनाव में भी वे गोरखपुर से बतौर भाजपा प्रत्याशी दो लाख से ज्यादा मतों के अंतर से चुनाव जीतकर लोकसभा में पहुँचे। हर बार उनका जनाधार और वोट बढ़ता गया।

पूर्वांचल से लखनऊ तक का सफर

योगी की उत्तर प्रदेश में हैसियत एक सांसद और मंदिर के महंत भर की नहीं बल्कि एक कद्दावर नेता की हमेशा से रही। भले पहले उन्हें केंद्र में उतना महत्त्व नहीं दिया गया, जिसकी उनको अपेक्षा भी नहीं थी, पर उत्तर

प्रदेश, खासतौर से पूर्वांचल के शीर्ष नेताओं में वे सर्वोपरि थे। 2014 में जब भाजपा ने केंद्र का शासन सँभाला, तब से योगी की क्षमता और प्रतिभा ने उन्हें प्रदेश के साथ राष्ट्रीय स्तर पर पहुँचा दिया। 2014 के लोकसभा चुनाव में भाजपा को बहुमत मिला और इसके बाद उत्तर प्रदेश में 12 विधानसभा सीटों पर उपचुनाव हुए, जिसमें योगी आदित्यनाथ से बहुत जोरदार प्रचार कराया गया। परिणाम सीटों के मामले में तो बहुत आशाजनक नहीं रहा, लेकिन उन राजनीतिक परिस्थितियों में भी योगी आदित्यनाथ ने जिस तरह से आमजन को प्रभावित किया और प्रचार का संचालन किया, वह सबकी निगाहों में आ गया।

योगी की प्रचार क्षमता पार्टी समझ चुकी थी। 2017 के विधानसभा चुनाव में भी बी.जे.पी. के राष्ट्रीय अध्यक्ष ने योगी आदित्यनाथ से पूरे राज्य में प्रचार कराया। इन्हें एक हेलीकॉप्टर भी दिया गया। योगी का जबरदस्त प्रचार रंग लाया। इसी होमवर्क का नतीजा था कि साल 2017 में उत्तर प्रदेश विधानसभा चुनाव में भारतीय जनता पार्टी को प्रदेश में पूर्ण बहुमत ही नहीं अपार बहुमत मिला। समाजवादी पार्टी के दबदबे और परिवार की राजनीति को भी योगी की दहाड़ एवं कुशल राजनीति ने पछाड़ दिया।

भाजपा के लिए उत्तर प्रदेश विधानसभा की यह सबसे बड़ी जीत थी। सीटों से भाजपा की झोली भर गई। उनकी इस उपलब्धि को पार्टी नेतृत्व ने समझा, सराहा, फलस्वरूप 19 मार्च, 2017 को उत्तर प्रदेश के बी.जे.पी. विधायक दल की बैठक में शीर्ष नेतृत्व ने योगी आदित्यनाथ को विधायक

दल का नेता चुनकर मुख्यमंत्री पद का बड़ा दायित्व सौंप दिया। शपथ ग्रहण समारोह लखनऊ के कांशीराम स्मृति उपवन में हुआ। समारोह में प्रधानमंत्री नरेंद्र मोदी, बी.जे.पी. के राष्ट्रीय अध्यक्ष अमित शाह और पार्टी के कई वरिष्ठ नेता शामिल थे। मंच पर अखिलेश यादव और मुलायम सिंह भी मौजूद रहे। योगी आदित्यनाथ के साथ दो उप-मुख्यमंत्री भी बनाए गए। उत्तर प्रदेश के राजनीतिक इतिहास में पहली बार दो उप-मुख्यमंत्री बने। यह भी योगी आदित्यनाथ की सदाशयता ही थी। योगी आदित्यनाथ का मुख्यमंत्री बनना उत्तर प्रदेश के लिए क्रांतिकारी परिवर्तन था।

योगी आदित्यनाथ के जीवन में शत्रु हमेशा से रहे, लेकिन मुख्यमंत्री बनने के बाद संख्या में और इजाफा हो गया। इस कारण पहले भी उन्हें सुरक्षा मिली थी। लेकिन तब भी वह जनता के लिए सर्वसुलभ थे और आज भी सर्वसुलभ हैं। उनका जीवन आज भी एक संन्यासी का जीवन है। मुख्यमंत्री बनने के बाद योगी को जेड श्रेणी की सुरक्षा मिली हुई है। उससे पहले उन्हें वाई श्रेणी की सुरक्षा मिली हुई थी। नई सुरक्षा व्यवस्था के तहत अत्याधुनिक हथियारों से लैस 25-28 कमांडो की टुकड़ी 24 घंटे उनके साथ रहती है। इसके अलावा सिग्नलजैमर्स से लैस एक पायलट तथा एस्कॉर्ट वाहन भी उनके साथ चलते हैं। सुरक्षा व्यवस्था से इस कदर घिरे रहने के बावजूद उनका जनता से संपर्क जमीनी स्तर पर बना रहता है। उनके कुछ नजदीकी बताते हैं कि कभी-कभी योगी का नरम स्वभाव अत्यधिक सख्त हो जाता है।

वे गंभीर, शांतचित्त या हँसमुख होने के बावजूद बहुधा बहुत नाराज हो उठते हैं। असल में योगी लोगों को पहले समझाते हैं। कई बार समझाने के बाद न समझ पाने की स्थिति में ही वे नाराज होते हैं। योगी को झूठ और बहानेबाजी से चिढ़ है। योगी किसी तीसरे की पैरवी पसंद नहीं करते। वे सीधी बात के आग्रही हैं। जो सिफारिश लगाते हैं, उनसे वे नाराज हो जाते हैं। समय के बहुत ही पाबंद हैं। योगी आदित्यनाथ को किसी प्रकार की बेईमानी पसंद नहीं। लोगों का मानना है कि योगी किसी जाति विशेष के विकास को, उत्थान को नहीं बल्कि हिंदुत्व के उत्थान का उपक्रम करते रहते हैं।

कुछ लोगों में योगी आदित्यनाथ की छवि एक सांप्रदायिक नेता की है। ऐसी छवि शायद उनके भगवा वस्त्र और सांप्रदायिक तुष्टीकरण जैसे विषयों पर उनकी खरी-खरी बात के कारण बनी हो, पर जो उन्हें नजदीक से जानते हैं, वे मानते हैं कि कभी निजी स्तर पर किसी धर्म विशेष को लेकर वे न तो आलोचना भाव में रहते हैं और न ही उसका निरादर करते हैं। गोरक्षनाथ पीठ, जहाँ वे पिछले दो दशक से रह रहे हैं और जहाँ के वे महंत हैं, उस मठ में भी मुसलमानों को कई विशेष जिम्मेदारियाँ दी गई हैं। हिंदू धर्म के एक प्रमुख पीठ के पीठाधीश्वर और सांसद होने के नाते उन्होंने कभी भी मुलाकातियों से धर्म के आधार पर कोई भेदभाव नहीं किया। उनके पास आने वाला हर फरियादी, चाहे वह किसी भी धर्म-जाति-संप्रदाय का हो, उसके लिए योगी आदित्यनाथ अपने स्तर से पूरा प्रयास करते हैं। उनके सहयोगी कहते हैं कि कोई भी व्यक्ति इस बात की पुष्टि महाराजजी के मुलाकातियों के रजिस्टर को देखकर कर सकता है।

प्रदेश से देश की राजनीति की ओर बढ़ रहे कदम

गोरखपुर के इलाके में योगी आदित्यनाथ की कही बातों का उनके समर्थक कानून के रूप में पालन करते हैं। इसका अंदाजा इस बात से लगाया जा सकता है कि आदित्यनाथ के कहने के चलते ही गोरखनाथ मंदिर में होली और दीपावली जैसे बड़े त्योहार एक दिन बाद मनाए जाते हैं। अधिकांश

लोग नाथपंथ को केवल गोरखपुर स्थित गोरक्षपीठ तक ही सीमित मानते हैं, मगर नाथ योगियों के मठ पूरी दुनिया में हैं। तिब्बत की राजधानी ल्हासा में मत्स्येंद्रनाथ की मूर्ति है। चीन के चुवान द्वीपसमूह के पुटू द्वीप में भी एक प्रसिद्ध मंदिर है। बाली, जावा, भूटान, पेशावर के अलावा नेपाल के मृग स्थली में भी गोरक्षपीठ है। काठमांडू के इंद्र चौक मुहाली में भी गोरखनाथ का मंदिर है। भारत में भी हरिद्वार, सिक्किम और गुजरात में गोरखनाथ के सिद्धपीठ स्थित हैं। हर साल मकर संक्रांति के पर्व पर आयोजित होने वाले 'खिचड़ी मेले' में लाखों लोग एक महीने तक यहाँ आते रहते हैं। इस तरह योगी आदित्यनाथ की व्याप्ति उत्तराखंड के एक छोटे से गाँव से निकलकर न सिर्फ गोरखपुर जैसे बड़े शहर या उत्तर प्रदेश सरीखे विशाल प्रदेश तक है, बल्कि विश्व के अनेक देशों में फैल चुकी है।

योगी आदित्यनाथ को फायरब्रांड नेता माना जाता है। पिछले कुछ समय में उनकी स्वीकार्यता हर तरह के लोगों में तेजी से बढ़ी है। उनकी लोकप्रियता को भाँपते हुए उन्हें कर्नाटक से लेकर पंजाब, राजस्थान, मध्य प्रदेश, छत्तीसगढ़, तेलंगाना और बंगाल तक में चुनाव प्रचार की जिम्मेदारी दी गई। वे भाजपा के स्टार प्रचारकों की सूची में शीर्ष पर आते हैं। 2019 के लोकसभा चुनाव में उन्होंने देशभर में 100 से ज्यादा जगहों पर रैलियाँ कीं और इनमें से भाजपा 74 सीटों पर जीतने में सफल रही। इससे साबित होता है कि योगी बड़े जनाधार वाले नेता बनते जा रहे हैं। भले ही लोकसभा उपचुनाव में वह गोरखपुर सीट न जितवा पाए हों, लेकिन इस बार के चुनाव

में यह सीट रिकॉर्ड वोटों से जितवाकर उन्होंने अपना सियासी कद काफी बढ़ा लिया है।

भाजपा ने 2019 में उत्तर प्रदेश में सबसे ज्यादा 62 सीटें जीतीं तो पार्टी की सफलता पर उ.प्र. के मुख्यमंत्री योगी आदित्यनाथ ने खुशी जाहिर करते हुए एक ट्वीट लिखा, "लोक व्यवस्था जाग गई है, भ्रष्टाचारी भाग गए हैं। अब न कोई कुशासन होगा, जन मंगल, अनुशासन होगा। राष्ट्रचेतना शून्य विपक्ष, अब इतिहास के पन्नों में होगा। नए जोशीले युग का भारत, जाति-धर्म से ऊपर होगा। राष्ट्रवाद, हिंदुत्व, विकास के बल पर एक नया भविष्य रचेगा।" यही योगी आदित्यनाथ का संकल्प है और यही असल में रामराज्य है।

योगी आदित्यनाथ संन्यासी हैं, इसलिए वह कर्त्तापन के भाव से शासन नहीं चलाते। वह कहते हैं, "संन्यास के समय दीक्षा में हमें सिखाया जाता है कि आप जो भी करेंगे, वह कर्त्तापन के भाव से नहीं करेंगे। आप जो कुछ नहीं करते हैं, सब ईश्वर निर्धारित करता है। आप तो बस उसका माध्यम हैं और माध्यम को यह भ्रम नहीं होना चाहिए कि वह कुछ कर रहा है। मैं 'परोपकारः पुण्याय, पापाय परपीडनम्' के सिद्धांत पर चलता हूँ। लोकसेवा

ही ईश्वर सेवा है। राजनीति हमारे लिए कोई पेशा नहीं है। हम उत्तर प्रदेश की परंपरागत राजनीति को बदलने के संकल्प के साथ आए हैं। मैं आज भी संन्यासी हूँ। सत्ता में रहते हुए भी हम लोगों की सत्ता में संलिप्तता नहीं होती है। निर्लिप्त भाव के साथ इस व्यवस्था से जुड़े हैं। लोक कल्याण और राष्ट्र कल्याण इसका महत्त्वपूर्ण माध्यम है और उसी भाव के साथ आज भी काम कर रहे हैं।"

मुख्यमंत्री बनने के बाद योगी की जीवन-शैली उनकी बातों की पुष्टि करती है। उनका रहन-सहन इतना सादगीपूर्ण है कि सामान्य व्यक्ति को खटकने लगे। जमीन पर सोते हैं, सात्त्विक और थोड़ा आहार लेते हैं। गौ-सेवा करने का जब भी मौका मिलता है, उसे गँवाते नहीं।

मुख्यमंत्री आवास के उनके कमरे में सुख-सुविधा, मनोरंजन अथवा आराम का कोई साधन नहीं होता। धार्मिक पुस्तकें पढ़ना ही उनके लिए खाली समय में मनोरंजन का साधन है। आहार को लेकर वे हमेशा से विशेष सजग रहते हैं। नाश्ता भरपूर करते हैं, पर दोपहर का भोजन योगी आदित्यनाथ कम ही करते हैं। अगर दोपहर में कुछ खाना हो तो खिचड़ी भर खा लेते हैं। यही उनका आहार है, उनकी दिनचर्या में कार्य प्रमुख है, बाकी सभी चीजें गौण हैं।

योगी के साथ लंबे समय से जुड़े लोगों का कहना है कि वे हमेशा नाश्ता करने के बाद जनता से रूबरू होने के लिए निकल जाते हैं। उनका पूरा दिन क्षेत्र के लोगों की समस्याएँ सुनने और निपटाने में निकल जाता है। एक बात उनके बारे में बहुत प्रचलित है कि वह आगंतुकों या मंदिर के अतिथियों को छाछ खूब पिलाते हैं। उत्तराखंड की देवभूमि की प्रतिष्ठा बढ़ाने वाले अनेक सपूतों में से योगी आदित्यनाथ भी एक हैं, जिन्हें उत्तराखंड की जनता सदैव याद रखेगी। वे माँ शक्ति के उपासक हैं, नवरात्रों में उपवास रखते हैं और विधिवत् कन्या-पूजन करते हैं। आज के समय में किसी मुख्यमंत्री की कथनी और करनी में कोई फर्क नहीं देखना बड़ा सुखद है। इस योगी को अभी बहुत दायित्व निभाने हैं। इस सुदीर्घ यात्रा के अभी कई और पड़ाव आने बाकी हैं।

□□□